Willi Hoffsümmer

133 Kinderpredigten

Mit Gegenständen aus dem Alltag

Matthias-Grünewald-Verlag · Mainz

Den Jungen und Mädchen der Pfarre St. Theresia in Düsseldorf-Garath

Die 14 Zeichnungen fertigte Andreas Wittig, Düsseldorf-Garath.

CIP-Kurztitelaufnahme der Deutschen Bibliothek

Hoffsümmer, Willi

133 [Hundertdreiunddreißig] Kinderpredigten : mit Gegenständen aus d. Alltag. – 1. Aufl. – Mainz : Matthias-Grünewald-Verlag, 1977.
  ISBN 3-7867-0631-X

2. Auflage 1978
© 1977 Matthias-Grünewald-Verlag, Mainz
Umschlaggestaltung: Kroehl/Offenberg
(unter Verwendung der Zeichnungen von Andreas Wittig)
Satz: Studio für Fotosatz, Mainz
Druck und Bindung: Buch- und Offsetdruckerei Georg Wagner, Nördlingen
ISBN 3-7867-0631-X

Inhalt

Vorwort

In der heutigen Wortinflation und Bildüberflutung sind wir angewiesen auf starke Symbole. Dies Buch soll eine Werkstatt des Suchens sein in der Nachfolge Jesu, der „in Bildern und Gleichnissen redete", mit dem Schwerpunkt der moralisch-praktischen Verkündigung.

Phantasie hat etwas mit Heiligem Geist zu tun. Und dieser Geist wirkt auch, wenn wir auf Phantasievolles stoßen.

So finden Sie neben den 133 Predigten auch im Kleindruck noch viele Ideen, die – kurz aus der gängigen Fachliteratur skizziert – Ihre Phantasie anregen können.

Bei der Fülle von Gegenständen könnte der Eindruck entstehen, daß nun eine „Zeichenpredigt-Invasion" auf die heilige Messe zukommt. Deshalb bitte nicht vergessen: Die Zeichenpredigt ist nur *ein* stilistisches Mittel unter vielen anderen (Spiel, Overheadprojektor, Flanelltafel, Dias . . .) Predigtformen.

Wer sich nicht – selbst nicht in einer Schulmesse – zutraut, diese Gegenstände mit in die Kirche zu bringen, der kann wenigstens *erzählen*, daß das irgendwo einer getan hat: „Da hat sich ein Kaplan eine Maske vors Gesicht gehalten und gefragt: Glaubt ihr, daß die Menschen so etwas nur zur Fastenzeit tragen? . . ." Dann ist es leicht, den Inhalt der Predigten genauso zu bringen.

Sie vermissen wieder, wie schon im ersten Buch, eine ausführliche Theorie: Ich meine, die liegt schon genügend in anderen Büchern vor, wie z.B. in Kugler/Lindner, *Neue Familiengottesdienste*, oder Stadelmann u.a., *Spiel oder Gottesdienst*, S. 62 ff.

Danken möchte ich Frau Christa Münch, die erneut die Schreibarbeiten übernahm.

Willi Hoffsümmer

Einleitung

I. Vorbemerkungen

In unserer Kirche treffen wir jeden Sonntag auf folgende Situation: Die Familienmesse wird von 500 bis 600 Personen besucht, davon etwa 300 bis 400 Kinder (etwa 50 im Vorschulalter) und Jugendliche. Bei einer solchen Messe (unsere Kirche hat gut 320 Sitzplätze) wäre ein Aufteilen in verschiedene Altersstufen und Räume, wie es oft in evangelischen Gottesdiensten praktiziert wird, unmöglich.

In dieser schwierigen Situation, allen Altersgruppen etwas zu geben, erwiesen sich als „Predigt" am besten folgende Gestaltungsmittel:

1. Kinder oder Jugendliche spielen die Anwendung des Evangeliums vor.
2. Auf einem Overheadprojektor können die Kinder „live" erleben, wie eine Geschichte aus der Bibel oder zur Predigt zeichnerisch festgehalten wird.
3. Auf einer übergroßen beweglichen Flanelltafel werden die Fixpunkte der Predigt dargestellt und angeheftet. Hier ist von Vorteil, daß jeder sich die ganze Messe über die Predigt vergegenwärtigen kann.
4. Zeichenpredigten: Gegenstände wie Telefon, Radio, Luftballon usw. werden mitgebracht. An diesen Gegenständen wird die Theologie „aufgehängt", oder sie führen zum Evangelium hin. Die Predigt liegt also oft *vor* dem Evangelium; dann heißt es am Ende der Predigt: „Was sagt Jesus dazu? – Wir hören aus dem Evangelium nach . . ." Die Zeichenpredigt holt den Hörer also zuerst einmal da ab, wo er steht, und führt ihn weiter. Vielleicht ist das oft besser, als irgendwo weit weg vom Alltag anzufangen.

Die Zeichenpredigt dauert in der Regel nur 3–4 Minuten. Aus akustischen Gründen (wir haben kein Mikrophon in der Kirche) ist die Frage–Antwort-Methode bei uns nicht gut durchführbar. Außerdem dauern unsere Familienmessen nie länger als 45 Minuten. Denn zu viele müssen stehen, und viele Kinder sind schon 30 Minuten vor Beginn da.

Neben der Kürze sind weitere Vorteile der Zeichenpredigt:

a) Sie kann jeder Laie halten, der mit Kindern oder Jugendlichen umgehen kann. Sie sind also nicht an einen Priester gebunden (allerdings nur, wenn ein Priester wenigstens andere das tun läßt, was er sich selbst vielleicht nicht zutraut).

b) Die vom Fernsehen verwöhnten Kinder „sehen" etwas. Es ist erstaunlich, wie viele Monate, ja Jahre später ein Kind noch sagen kann, was mit diesem oder jenem Gegenstand gemeint war.

c) Sie geben jedem Alter etwas. Kinder im Vorschulalter behalten natürlich nur, daß da vorne einer z.B. einen Luftballon aufgeblasen hat, aber sie schauen wenigstens gebannt zu. Je nach Alter können aber immer mehr Aussagen verarbeitet werden.

d) Sie helfen, Antennen für die Meditationen wachsen zu lassen. Sie vermitteln die „Tiefenschau der Dinge", auch der alltäglichsten Gegenstände. Zenetti schrieb schon 1962 in *Kinderwelt und Gottes Wort*, S. 8: „Sie versuchen die weithin technische Welt, wie sie das Kind heute erlebt, für die Überwelt durchsichtig zu machen."

e) Manchmal lassen sich für die Beschaffung der Gegenstände Gruppen einsetzen, die dann schon aus Neugierde sonntags da sind, um „ihren" angefertigten Gegenstand zu sehen, z.B. besorgt eine Jungengruppe ausreichend Holzstäbe für die „Bündelpredigt" oder baut eine Straßenbahn oder eine Mauer aus Steinen vor dem Altar; eine Mädchengruppe bastelt eine drei Meter lange Brücke usw.

f) Den Vorbereitungsteams fällt die Geburt einer Idee für einen Gottesdienst immer am schwersten. Habe ich eine Idee, ist es verhältnismäßig leicht, alle Gebete, Fürbitten, ja das Glaubensbekenntnis darauf abzustimmen. Im Folgenden werden viele Ideen geliefert, die auch Ihre Phantasie immer wieder neu entzünden sollen.

g) Diese Zeichenpredigten können in Schulgottesdiensten der Woche neu aufgegriffen und vertieft werden durch immer neue Beispiele. (Vgl. Stadelmann, *Spiel oder Gottesdienst*, S. 62 ff)

II. Grundregeln bei Zeichenpredigten

Der Gegenstand muß die ganze Predigt durchhalten.
Am Ende des Gesagten soll der Gegenstand weithin sichtbar irgendwo hingelegt werden, um auch während der Messe noch einmal bei einem abschweifenden Blick die Predigt in Erinnerung zu rufen. – Weil die Gegenstände bei Nastainczyk, *Zeichenpredigten* (immerhin 63 Zeichen!), oft nicht die ganze Predigt durchhalten, ist in diesem Buch selten darauf verwiesen.

Der gröbste Fehler bei einer Zeichenpredigt läge darin, daß ich sagen müßte: „So wie mit diesem Gegenstand ist es *nicht*." Um das klarzumachen, seien drei *falsche* Beispiele angeführt:

1. Hampelmann

Wenn ich an der Schnur ziehe, bewegt er Arme und Beine. Ich kann ihn beherrschen, manipulieren, drangsalieren. In Gottes Augen ist das mit dem Menschen aber ganz anders: *Wir* sind *keine* Hampelmänner. Gott verfährt nicht willkürlich mit uns. Der Mensch hat die Freiheit, sich für oder gegen das Gute, für oder gegen Gott zu entscheiden. Die Freiheit ist unsere größte Gabe.

Fazit: Am Ende einer solchen Predigt müßte ich den Gegenstand „Hampelmann" verschwinden lassen, denn so ist es mit *uns* ja *nicht*. Die Gefahr ist hier zu groß, daß Wochen

später doch nur hängenbleibt: Wir sind Hampelmänner, letztlich willenlose Geschöpfe in der Hand des allmächtigen Gottes.
So ähnlich ist es auch mit den beiden nächsten Beispielen.

2. Automat

Zuerst wäre die Handlungsweise am Automaten zu erklären: Oben kommt das Geld rein – unten ziehe ich das gewünschte Fach. Jesus hat gesagt: „Was ihr den Vater in meinem Namen bitten werdet, das wird er euch geben." Viele denken: Wir brauchen nur zu bitten, und dann werden wir bekommen. Wir werfen oben die Mark bzw. unsere Bitte hinein, und unten ziehen wir das gewünschte Fach „Gesundheit", „Erfolg", „innere Zufriedenheit". Aber aus Erfahrung wissen wir: So ist es nicht. *Gott* ist *kein* Automat, in den wir unsere Wünsche hineinwerfen können. Er erfüllt uns unsere Bitten – nur oft anders, als wir es erwarten. Er gibt, was gut für uns ist, und nicht, was wir für gut halten.

3. Rakete (Silvester oder Neujahr)

Ihr kennt den Ablauf: Bunte Farben erhellen die Nacht, wunderbar. Dann wird es wieder dunkel, es bleibt nur etwas Rauch.
So gibt es viele Dinge, die uns im Augenblick schnell frohmachen, uns aber bald traurig zurücklassen. Oft mit einem Kater.
Darum überlegt mal, was uns auf die *Dauer* frohmachen kann (und gerade das „auf Dauer" gibt der Gegenstand „Rakete" nicht her) . . . Wenn wir Zeit haben für Jesus und versuchen, zu allen Menschen gut zu sein, dann bleibt diese Freude, auch über Neujahr oder Karneval hinaus. Und Gott will, daß wir uns *immer* freuen.

Diese drei falschen Beispiele sollen diese interessanten Gegenstände nicht für ganz unbrauchbar erklären. Nur muß ich dann eben andere Bezugspunkte suchen.
Noch ein Blick auf die gängige Literatur: Ich halte auch das „Schwarze Peter"-Spiel in der Kirche (Kugler, *Familiengottesdienste*, S. 144) und die meterhohe Rakete als „Anti-Symbol" zum Fest Christi Himmelfahrt (Kugler/Lindner, *Neue Familiengottesdienste*, S. 124 bis 129), auch wenn sie nachher niedergerissen wurde, für gefährlich.

III. Wie man es machen kann – 3 Beispiele

Für manch einen, der mit diesem Buch arbeiten will, sind die Ideen zu kurz gefaßt. Aber dieses Buch soll nur Anstöße geben und nicht bis ins Kleinste reglementieren.
An drei Beispielen soll aber gezeigt sein, wie das Ganze gedacht ist.
In meiner Ausbildung habe ich gelernt, daß zuerst das Evangelium oder die Lesung

durchgearbeitet und durchmeditiert werden sollen, um das Zentrum der Aussage, „das Kerygma", herauszufinden und dann „umzusetzen". Ich muß sagen, im Hinblick auf eine Familienmesse geht das selten gut. Oft gehe ich gerade den umgekehrten Weg: Plötzlich steht, von irgendwoher entzündet, eine Idee vor meinen Augen, die ich dann immer weiter entfalte. Diese Idee wird dann zum roten Faden, der sich durch alle Texte des Gottesdienstes zieht und oft überraschend neues Licht auch auf die „gewohnten" und vorgegebenen Texte wirft.

1. „Werdet endlich wach!" (Advent)
(ein Wecker)

Für alles, was uns interessiert und wichtig erscheint, stellen wir den Wecker und stehen früh auf:
— wenn Cassius Clay boxt;
— beim Vorverkauf für ein wichtiges Fußball- oder Eishockeyspiel (wo nachts schon bei heißem Kaffee Stunde um Stunde, eingemummt, gewartet wird);
— wenn ihr im Sommerurlaub in den Süden fahrt und nicht in die schlimmsten Staus geraten wollt.
Wenn also viele sagen, sonntags muß ich mich ausschlafen, denn in der Woche muß ich ja immer so hart arbeiten, dann zeigen sie damit an: So wichtig ist mir der Gottesdienst oder . . . eigentlich gar nicht.
Für wichtige Dinge des Lebens haben wir oft zu wenig Zeit:
— einfach mal nach der Hetzjagd der Woche zur Ruhe kommen;
— ein gutes Buch zu lesen oder der besinnlichen Musik einer Panflöte zuzuhören;
— sich einmal besinnen: Was will ich eigentlich? Wohin treibe ich?
— sich Zeit lassen für einen Spaziergang, bei dem ich auch die „kleinen Dinge am Wege" beobachte;
— Zeit für ein Gespräch mit IHM, damit mein heißer Draht zu Gott nicht ohne Strom bleibt.
Lesung: Römer 13,11—14 (So ruft uns Paulus zu: Es ist Zeit, vom Schlafe aufzustehen . . .).
Also Vorsicht: Sonst verschlafen wir den Anruf Gottes.
Achtung, Vorsicht: Sonst ist der Zug abgefahren, der uns zur Begegnung mit Gott bringt.
Halt, Vorsicht: Sonst sind wir zu spät aufgestanden, um das wirklich Entscheidende in unserem Leben zu wirken: Zeit für Gott zu haben und den Menschen neben uns zu sehen; vor allem den, der in innerer und äußerer Not steht.
Soweit das „Gerippe" oder der „rote Faden", der in jedem der 133 Zeichenpredigten vorliegt. Das Team, das die Gestaltung übernimmt, soll nun jeweils daraus die übrigen Texte entwerfen, z.B.:

Gewissenserforschung

1. Kind:	Herr, laß uns ablegen alle Bequemlichkeit, die ständigen Streitereien, die Eifersucht, die mangelnde Hilfsbereitschaft.
1. Erwachsener:	Ja, Herr, laß uns ablegen den Neid. Gib uns den Durchblick, daß wir trotz aller kleinen Pflichten für die wirklich wichtigen Dinge wieder mehr Zeit haben.
Alle:	Christus, hör' uns an, erbarme dich . . .
2. Kind:	Herr, wir haben in der letzten Zeit zu selten mit dir gesprochen. Wir behandeln dich tagelang wie Luft.
2. Erwachsener:	Unser Gebet findet nur noch zufällig statt. Das religiöse Leben in unserer Familie stirbt ab.
Alle:	Christus, hör' uns an, erbarme dich . . .

Tagesgebet

Herr, wir stehen wieder am Anfang einer besonderen Zeit, der Adventszeit. Du willst uns wieder ganz deutlich daran erinnern, daß du in diese Welt kommen willst. So rüttle uns wach und laß uns dir entgegengehen, indem wir dich und die Menschen mehr zu lieben versuchen . . .

Fürbitten

1. Erwachsener:	Gleich neben uns stehen Menschen, die mit sich herumtragen: Sorgen um kranke und schwierige Kinder – finanzielle Not – Schwierigkeiten in der Schule und am Arbeitsplatz – Angst vor der Zukunft.
1. Kind:	Wir bitten dich, Jesus: Trage mit die Last ihrer Sorgen. Und rüttle uns wach, damit wir helfen, wo Hilfe möglich ist.
Alle:	Herr, Jesus Christus, wir bitten dich!
2. Erwachsener:	Gleich neben uns wohnen Menschen, die fühlen sich: abgeschrieben – gehänselt – verleumdet – ausgelacht – nicht ernst genommen – unverstanden.
2. Kind:	Herr, öffne uns die Augen! Rüttle uns wach, damit wir die geheime Not des anderen erkennen!
Alle:	Herr, Jesus Christus, wir bitten dich!
1. Erwachsener:	Nur ein paar Flugstunden von uns entfernt leben Menschen, die sind: ohne Schuld eingesperrt – immer arbeitslos – ohne Dach über dem Kopf – von Katastrophen heimgesucht – ohne die nötigste Nahrung.
1. Kind:	Gott! Rüttle uns wach und laß uns daran denken: Christus wartet auch in ihnen auf unsere Hilfe.
Alle:	Herr, Jesus Christus, wir bitten dich!

Gabengebet

Herr, nimm diese Gaben von Brot und Wein aus unseren Händen an. Verwandle sie – verwandle auch uns, damit wir einmal Platz nehmen dürfen beim Mahl im kommenden Reich . . .

Präfation

Ja, es ist richtig, dir Vater zu danken; denn durch das Kommen deines Sohnes in diese Welt hast du die Menschen wachrütteln wollen, damit sie aus dem Schlafe der Eigenliebe, der Gleichgültigkeit und der Sünde aufstehen. Du willst die guten Kräfte in uns wachsen lassen. So stellst du uns ein auf deine Zukunft und läßt uns singen mit allen Engeln und Heiligen . . .

Schlußgebet

Herr, wecke uns auf, damit wir nicht mitten im Lärm unseres Alltags das Kommen deines Sohnes überhören: jetzt und am Ende der Tage . . .

2. „Kreuzige heute keinen Menschen!" (Fasten- oder Passionszeit)
(ein neues Verkehrsschild: Auf einem dreieckigen „Halt! Vorfahrt achten!"-Schild ist ein Kreuz zu sehen, an dem ein Mensch hängt)

Dieses neue Verkehrszeichen hier müßten wir überall in Garath (in unserer Stadt . . .) aufstellen; überall da, wo Menschen wohnen oder zusammentreffen: vor dem Bolzplatz, an der Schule, der S-Bahn, dem Hochhaus . . .: Achtung! Kreuzige heute keinen Menschen!
Das Kreuz nicht an der Wand als schöner Schmuck. Nein, das Kreuz als ein Warnzeichen.

Spielerische Anregung: (Jeder Besucher hat am Eingang der Kirche eine Weidenrute und einen Bindfaden kommentarlos in die Hand gedrückt bekommen.) *Meditation:* Mit dieser Rute kannst du andere schlagen. Weil wir das nicht wollen, brechen wir die Rute durch. Mit Hilfe des Bindfadens versuche aus den beiden Teilen ein Kreuz zu binden, das du zu

Hause als Erinnerung an diesen Gottesdienst irgendwo aufhängst. Und jedesmal, wenn dein Blick darauf fällt, erinnere dich: ich will heute keinen Menschen kreuzigen! Die Knospen an der Rute sind Zeichen unserer guten Vorsätze: wir sollen sie zur Blüte entfalten. – Wenn du beim Binden des Kreuzes die Hilfe des Nachbarn brauchst, dann merkst du: Auch draußen, wenn du die Probleme nicht mit Schlagen lösen willst, brauchst du meistens die Hilfe eines anderen . . . (zu der Stillbeschäftigung dann Orgelmusik).

Evangelium: Lukas 23,32 ff oder Johannes 19,17 f (Sie schlugen ihn ans Kreuz).

Soweit wieder das „Gerippe". Daraus werden dann die Texte des Gottesdienstes entfaltet:

Gewissenserforschung

Priester:	Wo haben wir in der letzten Zeit andere gekreuzigt?
1. Kind:	Wir haben die Mutter durch unser stundenlanges Trödeln bei den Hausaufgaben zur Weißglut gebracht.
2. Kind:	Wir haben den Lehrer durch unser dauerndes Schwatzen im Unterricht geärgert.
3. Kind:	Wir haben andere beim Sprechen und Spielen links liegen gelassen.
Alle:	Herr, erbarme dich, erbarm' dich unser, erbarme dich unserer Zeit.
1. Kind:	Wir haben den schmutzigen Jan aus dem Stadtwohnheim wie Luft behandelt.
2. Kind:	Wir haben manchmal Schlechtes von anderen weitererzählt.
3. Kind:	Wir haben uns gefreut, wenn anderen etwas nicht gut gelungen ist.
Alle:	Herr, erbarme dich . . .
1. Kind:	Wir haben mit unseren Geschwistern ohne großen Grund Krieg geführt.
2. Kind:	Wenn Vater oder Mutter uns etwas nicht zuließen, haben wir sie heimlich in unseren Gedanken beschimpft.
3. Kind:	Wir haben in der vergangenen Woche oft nicht mit Jesus gesprochen.
Alle:	Herr, erbarme dich . . .

Lossprechung durch den Priester.

Tagesgebet

Herr, du willst, daß wir uns wohlfühlen; daß wir füreinander eintreten und nicht gegeneinander stehen. So laß uns nicht zum Kreuz werden einer für den anderen. Denn Jesus wollte uns gerade durch sein Kreuz freimachen . . .

Fürbitten

Die Knospen an unserem selbstgebastelten Kreuz sind unsere guten Vorsätze. Ihr sollt jetzt laut in die Kirche sagen, was wir uns vornehmen wollen (aus den Bereichen Zuhause, Schule, Leben mit Gott, Freizeit).

Gabengebet

Vater, laß diese Gaben von Brot und Wein uns dabei helfen, die kleinen und großen Nägel herauszuziehen, mit denen wir immer wieder andere Menschen festnageln . . .

Präfation

Ja, es ist richtig, Vater, daß wir dir danken; denn durch seinen Tod am Kreuz hat dein Sohn uns wieder mit dir versöhnt. Darum singen wir . . .

Schlußgebet

Vater im Himmel! Dein Sohn hat sich ans Kreuz schlagen lassen, damit wir nicht mehr über andere den Stab brechen. Weil wir soviel Liebe erfahren haben, laß uns einander beschützen – ja, wie gute Schwestern und Brüder zueinander sein . . .
(Nach einer Idee von Willms, *Aus der Luft gegriffen*, S. 46 ff)

3. Gottes Schönheit und Güte widerstrahlen! (Fastenzeit oder Sonntage im Jahreskreis oder Heiligenfest)
(ein geschliffener Diamant, von einem Juwelier ausgeliehen)

Hier habe ich etwas ganz besonders Kostbares (die Kinder durch einige Informationen ruhig staunen lassen: Wie teuer ein solcher Stein ist, warum er so teuer ist . . .). Du bist in Gottes Händen wie ein Diamant.

Schon an unserem Anfang, bei der Geburt, liebt uns Gott, obwohl wir noch wie ein ungeschliffener Roh-Diamant sind – ähnlich wie auch Menschen sich schon über einen Roh-Diamanten freuen. Der erste besondere „Schliff" kommt durch die Taufe: Hier beginnt Gott sein unendlich großes Werk an uns – und wir mit ihm.

Das Schleifen Gottes an uns ist oft sehr schmerzhaft. Manche Ecken wollen wir einfach nicht weghaben. Uns fehlt auch meistens der Überblick über das, was Gott mit uns vorhat. Deshalb fragen wir manchmal kurzsichtig „Warum?" Aber das viele Fragen in Tränen und Leid bringt uns selten weiter. Wir dürfen wissen: Wir sollen möglichst viel „Schliff" von Gott bekommen, um immer deutlicher Gottes Schönheit und Güte widerzustrahlen. Ja, diesen Satz dürft ihr ruhig dreimal überlegen . . . Hinter vielem Unbegreiflichen stehen Prüfungen, die Gott zuläßt, um sie dann ins Gute zu verkehren. Und darum sollten wir allem, was uns im Leben begegnet und wir nicht ändern können (das unverschuldete Sitzenbleiben in der Schule, ein gebrochenes Bein, die Arbeitslosigkeit des Vaters, der Tod eines geliebten Menschen), vertrauensvoll aus Gottes Händen annehmen.

In einer Diamantenschleiferei kann es passieren, daß ein Diamant plötzlich wegen eines Fehlers im Gefüge oder einer falschen Berechnung zersplittert. Bei Gott ist das anders: Was kein irdischer Diamantenschleifer vermag, Gott kann es: selbst einen zersprungenen Stein, einen völlig verzweifelten oder verbitterten Menschen (Beispiele . . .) „wiederherstellen".

Ein Diamant ist nicht nur ein schöner wertvoller Schmuck, der Licht und Glanz tausend-fach widerspiegeln kann. Er ist auch ein wirksames Werkzeug, das noch eingesetzt werden kann, wo alle anderen Hilfsmittel zu schwach sind . . .(beim Plattenspieler: Eine Saphir-nadel hält rund 100 Stunden, ein Diamant rund 300 Stunden). Was heißt das für den Menschen?

Evangelium: Mattäus 6,25ff (Sorgt euch nicht ängstlich: Vertrauen); Lukas 9,23ff (Nehmt euer Kreuz auf euch: Geduld); Jesus ließ sich auch „schleifen": Mattäus 26,36—44 (Vater, dein Wille geschehe); Mattäus 27,46ff (Mein Gott, warum hast du mich verlassen?); Titus 3,4—7 (In Jesus erschien uns die Güte und Menschenfreund-lichkeit Gottes).

Das ist wieder das „Gerippe" für alle folgenden Texte.

Gewissenserforschung

1. Kind:	Wir wollten immer haben, was andere auch haben. Wir haben dabei die Eltern regelrecht unter Druck gesetzt.
1. Erwachsener:	Wir haben den Kindern zu leicht nachgegeben, um einen schnellen faulen Frieden zu erreichen. Oft machten wir es den Kindern zu leicht, nur an sich selbst zu denken.
Alle:	Herr, erbarme dich. Christus, erbarme dich. Herr, erbarme dich (nach GL 358,3).
2. Kind:	Wir sind den bequemen Weg gegangen und haben uns nichts zuge-mutet, wozu wir keine Lust hatten.
2. Erwachsener:	Wir waren in Gedanken und Worten zu unseren Kindern nicht immer ehrlich. Wir fordern oft etwas von ihnen, was wir für uns selbst nicht einhalten.
Alle:	Herr, erbarme dich . . .
1. Kind:	Wir schimpften mit Gott herum, weil durch eine Krankheit ein schö-ner Ausflug verpatzt wurde.
1. Erwachsener:	Wir haben an Gott gezweifelt, wenn uns ein Vorhaben mißlungen ist.
Alle:	Herr, erbarme dich . . .
Priester:	Ja, Herr, wir sind selten bereit, auch Unpassendes und Unschönes aus deiner Hand anzunehmen. Gib, daß wir uns mehr für dich öff-nen, damit wir noch mehr ein Werkzeug des Friedens und der Güte in deinen Händen sind.

Gabengebet

Herr, mit diesen Gaben bringen wir dir unseren guten Willen dar, alles aus deinen Hän-den anzunehmen, was du uns geben willst: Schönes und Schweres . . .

Wir danken dir, Vater, besonders für Jesus, den ersten Diamanten in deiner Hand. Er strahlt und glänzt von deiner Freundlichkeit. Er ist das Kostbarste, was wir haben. An ihm sehen wir deine Liebe, sprühend wie das Licht. Darum singen wir mit . . .

Vor der Kommunion

Refrain:	Aller Augen warten auf dich und du speisest uns (Mahllied aus „Laßt Glocken, Gitarren erklingen" von der Schildberger Sing- und Spielschar, Studio Montan Nr.7003)
1. Sprecher:	Jesus spricht: Kommt alle, die ihr es schwer habt unter der Last eurer Aufgaben. Ich will euch neue Kraft geben.
2. Sprecher:	Jesus spricht: Kommt alle zu mir. Öffnet euch für mich. Dann kann ich mehr in euch wirken.

Refrain

1. Sprecher:	So bitten wir dich zuerst, Herr, um Verzeihung für alles, womit wir dich und andere beleidigt haben.
2. Sprecher:	Wir bitten dich um Verzeihung, wenn wir nur unsere eigenen Wege gehen wollten und nicht auf dich gehört haben.

Refrain

1. Sprecher:	Wir bitten dich auch für die Menschen unter uns, die beinahe zusammenbrechen unter dem Kreuz, das sie tragen müssen.
2. Sprecher:	Wir bitten dich für die unter uns, die an deine Güte nicht mehr glauben können.

Refrain

1. Sprecher:	So preiset den Herrn, der uns nicht allein läßt; der in uns leben will.
2. Sprecher:	So preiset den Herrn, der herrscht über die ganze Erde.

Refrain

Schlußgebet

Wir danken dir, o Herr, für deine Güte und Menschenfreundlichkeit; daß du für uns ein Herz hast. Gib, daß auch wir ein Herz für andere haben und Jesus ähnlicher werden . . .

Zeichenpredigten im Advent

1. Was Kränze uns sagen können
   (ein Adventskranz)

A. So einen Adventskranz kannst du jetzt überall sehen. Aber kannst du dich auch an so *ähnliche* Kränze erinnern? Ich helfe etwas: Da wird ein Haus gebaut . . . das Dach kommt darauf . . . ja, der Richtkranz! Es wird gefeiert: Wir haben wieder etwas geschafft. Etwas *Neues* ist entstanden. Darüber dürfen wir uns *freuen*. (Oder der Erntekranz: *Freude* und Dank über den Segen einer neuen Ernte.)
B. Manchmal bekommt auch ein *Sieger* so einen Kranz umgehängt: habt ihr es schon mal im Fernsehen gesehen . . . ein Rennfahrer . . . Boxer . . . ? Bei vielen Sportarten war es früher nur ein kleiner Siegeskranz, der auf den Kopf gelegt wurde. (Daraus entstanden übrigens die Kronen der Könige.) Ab und zu trägt auch eine Braut noch so ein Kränzchen (Kommunionkinder!) aus Myrten, das ursprünglich bedeutete: *Freude*, Anmut; du hast deine „Reinheit" (= Jungfräulichkeit) bis in die Ehe getragen (alter Anruf: Maria, du liebliche Myrte des Herrn, du Ursache unserer Freude): *Treue*.
C. Aber an noch einen Kranz denke ich: Ich sehe einen Raum vor mir, da sind viele Kränze . . . mit langen Schleifen . . . keine Kerzen auf diesen Kränzen, aber schöne Blumen . . . und viele Leute weinen (Friedhofskapelle) (ähnlich: Kranzniederlegung bei einem Staatsbesuch). Diese Leute vergessen oft, daß dieser Kranz ein *Sieges*kranz ist, ein Zeichen dafür, daß Jesus auferstanden ist und auch wir auferstehen; ein Zeichen dafür, daß der Verstorbene nach langen Mühen hier auf der Erde jetzt den ewigen Preis errungen hat. (Da dieser Sieg wesentlich durch den Beistand Gottes errungen wurde, kannst du viele Gemälde in alten Kirchen finden – etwa in Rom –, wo die Heiligen ihre Kronen dem Lamme = Jesus darbringen.)
D. Etwas von all diesen Bedeutungen hat auch der Adventskranz übernommen: Er soll schon ein kleiner Christbaum sein, der uns daran erinnert: Jesus, der immer (= *Immer*grün der Zweige) unter uns ist, ist das Licht (= Kerzen) der Welt. Dieser Jesus hat Leid und Tod be*siegt*. Er will in unsere Herzen kommen und *Neues* schaffen. Und so, wie es an diesem Kranz von Woche zu Woche heller wird, so soll es auch in uns sein. Da kann unsere Antwort doch nur sein: Jesus bleibe ich *treu*. (Bitte aus A–D auswählen!)
(Vgl. auch Forstner, *Die Welt der Symbole*, unter den Stichworten „Kranz", „Myrte")
Evangelium: Mattäus 5 (Ihr sollt das Licht der Welt sein); Lukas 1,26–38 (Verkündigungsszene: Freude über das Neue, das durch das „Ja" Mariens beginnt); ein Text mit der Wiederkunft Christi (Totenkranz).

2. Die Kirchenfarben (zu Beginn des Kirchenjahres)
(ein violettes, grünes, rotes, weißes, schwarzes Velum)

(In dieser Predigt liegen auch so viele Gedanken, daß man am besten mehrere daraus macht – oder sie auf das Jahr, mit entsprechenden Wiederholungen, verteilt.)
Ihr habt gesehen: Der Priester trägt heute wieder eine andere Farbe als letzten Sonntag . . .
Violettes Velum: Was könnte die Farbe bedeuten? . . . Umkehren . . . Buße . . . Weg vom Schlechten und auf Gott hingehen . . . (So bei Johannes dem Täufer; so eindringlich, daß die Menschen Angst bekamen.)
Zu zwei Zeiten im Jahr trägt der Priester violett . . . In dieser Zeit sollen auch wir verzichten . . .
Grünes Velum: Zeichen der Hoffnung . . . Worauf hoffen wir? . . . (Auch darauf, daß Jesus einmal wiederkommt; er ist uns aber jetzt schon in jedem Menschen nahe.)
Rotes Velum: Farbe der Liebe . . . Farbe des Blutes (Märtyrer) . . . Farbe für das Feuer und das Wirken des Heiligen Geistes, darum auch die Farbe zu Pfingsten.
Weißes Velum: Farbe der Freude . . . der Herrlichkeit . . . (die Herrlichkeit auch bei den Festen zu Hause: Hochzeit . . .) Darum an allen hohen Festtagen vom Priester getragen: Weihnachten, Erscheinung des Herrn, Ostern. Und bei allen Festtagen von Jesus, unserem König.
Schwarzes Velum: Farbe der Trauer . . . Begräbnis . . . Interessant ist, daß in manchen Ländern die Trauerfarbe weiß ist. Sie paßt auch viel besser zu uns Christen: denn wir sollen ja nicht nur den Tod sehen, sondern auch das Leben in Herrlichkeit nach dem Tode. Darum sind auch die schwarzen Schleifen bei einer Beerdigung gar nicht so schön für einen Christen. Besser wäre die Farbe violett: Jetzt muß der Verstorbene noch büßen, dann wird er auch glücklich bei Gott sein. Sie ist die Farbe der Erwartung und der Vorfreude (darum vor Weihnachten und Ostern). Oder grün: Wir *hoffen* auf das Leben in der Herrlichkeit Gottes. Darum ist es in manchen Kirchen schon üblich, daß bei Beerdigungsmessen eine andere Farbe als schwarz genommen wird.
Evangelium: Je nach der Kirchenjahreszeit auswählen: Text der Buße, Text der Hoffnung, Text der Liebe – Mut – Heiliger Geist, Text der Freude, Text der Auferstehung.

3. Das Licht der Hoffnung
(vier brennende Kerzen, von vier Kindern gehalten; an der Außenseite stehen noch zwei Erwachsene: I und II)

Das erste Kind tritt mit der brennenden Kerze vor.
I: Dieses Licht heißt „Vertrauen". Es brennt, weil es schön ist, wenn Eltern und Kin-

der und Lehrer . . . einander vertrauen.

II: Halt! Da hat ein Kind zum dritten Mal seine Mutter belogen (erzählen: . . . Statt des Heftes für die Schule Schleckereien gekauft . . .). Das Vertrauen ist fort; ausgegangen wie eine Kerze. Löscht das Licht aus! Auslöschen! (Das Kind pustet seine Kerze aus.)

Die zweite Kerze tritt vor.

I: Dieses Licht heißt „Freude". Es brennt, weil wir oft lachen, spielen, singen . . . (Beispiele) können.

II. Auch *das* Licht darf nicht weiterbrennen! Lest ihr keine Zeitungen? Seht ihr keine Tagesschau? Hunger, Katastrophen . . . Löscht das Licht aus! Auslöschen! (Auch dieses Kind pustet seine Kerze aus.)

Das dritte tritt vor.

I: Das ist das Licht, das man „Frieden" nennt. Es brennt, weil es schön ist, daß alle Menschen sich lieben.

II: Wo ist denn wirklich Frieden? Sag, wo ist Friede? Wo hat schon einer Zeit für einen Kranken? Wie oft ist Streit unter Eltern, unter Geschwistern? In welchen Häusern und Familien könnte es nicht besser sein! Löscht das Licht aus! Auslöschen! (Kind pustet Kerze aus.)

Viertes Kind tritt vor.

I: Das ist das letzte Licht. Es heißt „Hoffnung". Das darf niemals auslöschen. Wir haben die Hoffnung, daß sich etwas ändert, daß das Kind nicht mehr lügt . . ., daß man in (ein Krisengebiet nennen) wieder lachen kann, daß . . .

II: Du machst es dir zu einfach! Was ist schon ein solches Licht gegen 1000 Panzer und gegen die Mächtigen in den Regierungen?

I: Es darf nicht auslöschen!

II: Es ist ein zu schwaches Licht, lösch es aus!

I: Nein, es darf nicht.

II: Doch!

I: (ganz bestimmt) Nein, niemals! (Tritt nach kurzer Pause noch näher an die Gemeinde heran und fragt:) *Wer* rettet dieses Licht?

Dann wird das Licht gut sichtbar auf einen Leuchter in den Chorraum gestellt, oder besser: Mit diesem Licht wird die erste Kerze am Adventskranz entzündet.

Evangelium: Mattäus 5,13—16 (Ihr seid das Licht der Welt); Mattäus 12,15—21 (Er wird den glimmenden Docht nicht auslöschen); Mattäus 25,1—13 (Die klugen Jungfrauen, die auf den Bräutigam warten).

(Verkürzt nach Kugler, *Familiengottesdienste*, S. 43 f)

Andere Ideen (auch für Bußgottesdienste im Advent)

1. *Thema:* Zweierlei Adventskränze. Ein Adventskranz liegt auf dem Boden. Darin steht eine große Kerze. Die Kinder stehen in einem oder mehreren Kreisen um den Adventskranz. Sie können sich die Hände geben. Deutung: Ihr seid der *lebendige* Adventskranz. Und Jesus (= Kerze) ist in unserer Mitte, ist unser gemeinsamer Mittelpunkt . . . (Ausführlicher: Blasig, *Sonntag für Kinder* 1 und 4, jeweils S. 11 ff)
2. *Thema:* Im Advent einander „Zeit" verschenken. Im Chor hängt ein übergroßer Kalender, aus dem ein paar „Gutscheine" = ein paar Stücke herausgeschnitten werden mit den Worten: Dies ist eine halbe Stunde für . . . (Lukas 10,38—42) (Ausführlicher: Kugler/Lindner, *Neue Familiengottesdienste*, S. 152 f)
3. *Thema:* „Macht hoch (= auf) die Tür!" Im Chorraum steht auf einem Podest ein Türstock mit einer eingehängten Tür. 3 Szenen veranschaulichen, wie Menschen oft einander die Tür zuschlagen. Der Advent soll uns erinnern: „Macht hoch die Tür", denn Jesus klopft an. (Ausführlicher: Kugler, *Familiengottesdienste*, S. 47 ff)
4. *Thema:* „Es ist ein Ros entsprungen!" (Am 4. Advent oder Heiligabend) Im Chor liegt ein gewaltiger Baumstumpf; etwa ein Meter über den Wurzeln abgesägt. „Meint ihr, daß er noch einmal grün wird?" Beispiele aufzählen, wo wir nach mehrmaligem Versagen eines Menschen auch nicht mehr die Hoffnung haben, daß aus dem noch etwas wird. „Hoffnungsloser Fall." Aber der Heiligabend erinnert uns: Gott kann! (Jesaja 11,1; auch Vers 19.20) (Vielleicht ist es wegen „des Reis aus der Wurzel Jesse" besser, einen Baumstamm zu finden, aus dem wieder etwas wächst; das ist z.B. bei Pappeln leicht möglich.) (Ausführlicher: Kugler/Lindner, *Neue Familiengottesdienste*, S. 147 ff)
5. *Thema:* Werdet endlich wach! Siehe Einleitung III,1.

Zeichenpredigten zu Weihnachten

4. Was der bunte Christbaum bedeutet
(ein Tannenbaum, Lametta, kleine Äpfel, Kerzen, Sterne aus Gold und Stroh)

Einige Kinder tragen einen kleinen Christbaum vor den Altar.
Zu Weihnachten gehört der Christbaum. Vielleicht habt ihr selbst zu Hause mitgeholfen, den Christbaum zu schmücken. Der Christbaumschmuck sagt eine ganze Menge aus über Jesus und das Weihnachtsfest. Hört gut zu:
1. Kind: Wir bringen die immergrüne Tanne. Sie ist ein Zeichen der Hoffnung und des ewigen Lebens.
2. Kind (während zwei andere das Lametta über den Baum hängen): Wir hängen dieses Lametta über den Baum. Es glitzert und leuchtet und weist hin auf die Herrlichkeit Gottes und seiner Boten, der Engel.

3. Kind (während zwei andere kleine Äpfel an den Baum hängen): Wir hängen Äpfel an den Baum. Ihr habt gehört von dem Baum im Paradies. Er wurde für die Menschen zum Zeichen des Unglücks, des Unheils. Dieser Christbaum aber ist ein Zeichen der Freude, des Glückes, des Heiles. Denn Jesus besiegte die böse Schlange. Nun ist der Apfel ein Zeichen der Freude.

4. Kind (während zwei andere Kerzen an den Baum stecken und anzünden): Wir stecken Kerzen an den Baum. Sie leuchten. Auch Jesus hat von sich gesagt: Ich bin wie ein Licht, das für die ganze Welt leuchtet.

5. Kind (während zwei andere Sterne aus Gold und Stroh befestigen): Wir haben Sterne gebastelt aus Gold und Stroh. Denn Jesus lag in der Krippe auf Stroh – die Sterne meinen den Stern von Betlehem, der den Weisen geleuchtet hat. Dieser Stern zeigt an: Jesus ist geboren.

Evangelium: Lukas 2,1 ff (Geburt Jesu).

(Gekürzt aus: Dezernat für Pastorale Dienste, S. 48 ff; vgl. auch Blasig, *Sonntag für Kinder* 4, S. 27 ff)

5. Das erste und das zweite Kommen Jesu

(ein armseliger Stall mit dem Kind in der Krippe, ein grüner Tannenzweig, geschmückt mit Lametta und Kugeln)

Könnt ihr mir eine Antwort geben . . .? Das paßt doch gar nicht zusammen: Diese armselige Krippe und daneben, wenigstens bei euch zu Hause, der reichgeschmückte Baum; denn die bunten Kugeln und das Lametta sollen doch bedeuten: Wir hängen das Schönste, was wir haben, an den Baum: Gold und Silber.

Mit der armen Krippe wollte Jesus zeigen: Ich bin für die Armen und Abgeschriebenen da; deshalb sind ja auch die Hirten die ersten, die ihn finden. Das waren damals die Abgeschriebenen, mit denen kaum einer was zu tun haben wollte, die damaligen „Zigeuner".

Aber das war den Leuten einfach zu wenig im Laufe der Zeit. Sie dachten: Wir können doch unseren König und Herrn nicht nur in diesem armseligen Stall liegen sehen. Und darum erinnerten sie sich an das zweite Kommen Jesu in diese Welt: wenn er wiederkommt am Ende der Tage in Macht und Herrlichkeit. Und daran soll uns der reich geschmückte Baum erinnern, an dieses zweite Kommen Jesu. Immergrün bedeutet: Jesus lebt immer. Die Kerzen: Jesus ist das Licht der Welt. Und Gold und Silber: in Macht und Herrlichkeit.

In diesem Gegensatz steht uns also vor Augen das erste und zweite Kommen Jesu.

Das heißt für uns: Wenn wir das erste Kommen Jesu nicht vergessen wollen, müssen wir uns für die Abgeschriebenen interessieren, zu den Stellen hingehen, wo heute Not ist.

Und: Wir sollen bei all unseren Mühen das Kommen Jesu in Macht und Herrlichkeit nicht vergessen.

Evangelium: (als Beispiel dafür, daß Jesus sich um Außenstehende bemüht) Mattäus 9,9–13 (Berufung des Apostels Mattäus; nach Steinwede, *Zu erzählen deine Herrlichkeit*, S. 36f)

6. Was die Krippenfiguren aussagen
(Jesuskind, Maria, Josef, Hirt, Magier, Ochs und Esel)

Jesus: Er ist das sichtbare Zeichen des liebenden Gottes. Er kam, um uns von der Güte Gottes zu erzählen und die Menschen wieder mit Gott zu versöhnen.

Maria: Als junges Mädchen sagte sie ja zu Gottes Plan und wurde ein wundervolles Werkzeug in der Hand Gottes.

Josef: Auch er öffnete sich für das Wirken Gottes; er beschützte Maria und das Kind.

Hirt: Er gehörte zu den damals armen und verachteten Menschen, mit denen kaum einer etwas zu tun haben wollte. Daß die Hirten zuerst die Krippe finden, soll sichtbar machen: Jesus ist besonders für die Armen und Einfachen gekommen und für die Sünder (die Zöllner, Ehebrecher, Räuber . . .), für die „verirrten Schafe"; denn die „Gesunden" brauchen keinen Arzt. (Darum kommt Jesus auch nicht in einem Königspalast zur Welt; er wird in eine Futterkrippe gelegt.)

Magier: Auch für die „Heiden", die Nichtjuden, ist Jesus gekommen (weder Abstammung noch Beschneidung: der Glaube ist entscheidend).

Ochs und Esel: Sie werden im Evangelium nicht erwähnt. Erst ab dem 4. Jahrhundert verbreitet sich ihre Erwähnung im ganzen Abendland. Sie bedeuten: Nicht nur die Menschen, auch die Tiere und die ganze Schöpfung haben teil an der Erlösung durch Jesus (vgl. auch Jes 1,3).

Interessant ist auch festzustellen, wer an der Krippe fehlt: die Pharisäer und Schriftgelehrten. Sie stehen in der Gefahr, sich auf ihr genaues Wissen um die Schriften des Alten Testaments und das exakte Einhalten aller Buchstaben etwas einzubilden und sich so gegen Gott abzusichern. Weil sie sich zu sicher fühlen, finden sie schon den Weg zur Krippe nicht.

Evangelium: Mattäus 2,1–12 oder Lukas 2,1–20 (von Weihnachten).
(Ähnliche Ansätze bei H. Janssen, *Im Laufe eines Jahres*, S. 18f)

7. Strahle das Licht der Sonne wider!
(ein schöner großer Stern aus Stroh)

Früher war Weihnachten der Tag des Sonnengottes. Das wurde von den Christen umgedeutet auf Jesus, der *die* Sonne ist.

Wir sind natürlich keine Sonne, aber Sterne (genauer: Planeten), kleine Sterne am Himmel des Zuhause. Wir sollen etwas von dem Licht der Sonne, von der Güte Jesu, ausstrahlen. Wir sollen die Welt etwas heller machen, und zu Hause fällt es ja meistens am schwersten. Wer nicht etwas Güte aufleuchten lassen will, der soll die Sterne zu Hause ruhig vom Christbaum abnehmen; denn sonst sind es nur leere Zeichen. Wer will mitsorgen, daß es überall hell und freundlich wird?

Wer heute vielleicht Langeweile hat, der kann einen sehr schönen Stern basteln und morgen hier in den Christbaum hinter den Altar hängen.

Evangelium: Lukas 2,1 ff (Geburt Jesu).

(Vgl. auch Nastainczyk, *Zeichenpredigten*, S. 35 ff)

(Andere Möglichkeiten: auf den Stern der Weisen eingehen oder auf die Funktion der Sterne als Orientierung in der Nacht, z.B. für die Seefahrt, oder als Freudenquellen in Dunkelheiten.)

Andere Ideen

1. *Thema:* Gerechtigkeit für alle! Zwei Tische stehen im Chorraum; der eine ist leer, der andere hochaufgetürmt mit Geschenken, die unter sich die Krippe zudecken. Der leere Tisch soll an die Kinder in der Welt erinnern, die heute Abend (und auch sonst) nichts bekommen... Beim Umpacken der Pakete wird erst die Krippe sichtbar... Nur so begegnen wir erst Christus. (Ausführlicher: Lorenz u.a., *Von Gott will ich singen*, S. 21 ff)

2. *Thema:* Vom Stromkreis der Liebe. Am Weihnachtsbaum ist eine elektrische Weihnachtskerzenkette sichtbar. Fällt eine Kerze aus (vormachen!), bekommen auch die anderen Kerzen keinen Strom: es bleibt dunkel. Das heißt: Der Strom der Vergebung Gottes kann nicht fließen, wenn *wir* den Stromkreis unterbrechen! (Mattäus 18,23–35) (Vgl. *Arbeitskreis Kindergottesdienste*, S. 26)

3. *Thema:* Vom Baum mit den guten Früchten. Im Chorraum steht ein großer Weihnachtsbaum, aus Brettern gezimmert. Auf den einzelnen Brettern stehen die guten Früchte: Kameradschaft, Liebe, Güte, neues Leben, Geduld usw. (Ausführlicher: Willms, *Aus der Luft gegriffen*, S. 154 f)

Zeichenpredigten am Familiensonntag

8. Die Wichtigkeit der ersten Lebensjahre
(zwei Teller und eine Karaffe mit Wasser; Teller = Mensch; Wasser = Liebe)

In den ersten Jahren seines Lebens muß der Mensch viel Liebe erfahren (während des Folgenden schüttet der Prediger in den ersten Teller langsam etwas Wasser), von den Eltern, aber auch aus der Umgebung, von Freunden, Verwandten. Hier, das ist der Rolf, er hat viel Liebe erfahren. Ihr seht, der Teller ist gut voll. Hier (der Prediger nimmt den anderen Teller) ist Gaby: Sie hat nicht viel Liebe erfahren (sie war im Heim in den ersten Jahren ihres Lebens, die Eltern haben sich scheiden lassen, sie war lange im Krankenhaus, sie war sehr lange bei der Oma, weil die Eltern arbeiten mußten). Gaby ist ein Leben lang auf der Suche nach Liebe, nach Verständnis, nach Geborgenheit. Sie ist fast egoistisch, sie will nur haben. Und oft ist es so, daß sie, wenn sie auf einen Jungen trifft (oft schon im frühen Alter), sich an ihn hängt und glaubt, jetzt habe ich endlich das Paradies gefunden. Und sie versuchen eine sogenannte „Frühehe". Aber oft haben beide nur etwas für sich gewollt. Und der Teufelskreis beginnt von vorne.
Wer viel Liebe erfahren hat, der kann auch viel geben.
Ähnlich ist es mit dem Glauben an Gott. Wer das Glück hatte, Eltern zu haben, die einem vorleben, daß es Gott gibt, der kann später daraus leben. Wer das nicht erfahren hat, der wird auch aus den Religionsstunden in der Schule nicht viel entnehmen können, weil ihm die Antenne dafür fehlt.
Es mag hart klingen: So sind wir den Eltern „ausgeliefert". Aber es ist nicht hoffnungslos: Wir haben einen Willen, wir können uns aus einem falschen Kreislauf herausarbeiten. Aber dazu braucht man die Hilfe anderer Menschen.
Gerade hier kann man sich auch kurz an die Jugendlichen wenden, daß sie die Liebeskraft, die sie erfahren haben, nicht unbedingt vorher verplempern, sondern verantwortungsbewußt damit umgehen, um sie einmal in eine Ehe einzubringen.
Evangelium: Mattäus 18,6.5

> Jesus sagt: Wer eines dieser Kleinsten, die mir Vertrauen schenken, irre macht an Gott und an mir, hat eine Strafe zu erwarten, dergegenüber es eine Wohltat für ihn wäre, es hängte ihm einer einen schweren Stein an den Hals und ertränkte ihn in der Tiefe des Meeres. Wer aber eines dieser Kinder aufnimmt aus Treue zu mir, der nimmt mich zu sich.

9. Die Wichtigkeit der ersten Lebensjahre

(ein aufgespannter Regenschirm, der von einem Kind gehalten wird; eine Schale mit Wasser)

Aus den letzten fünf Jahren müßten jetzt hier in der Kirche 899 Kommunionkinder sein. Wo sind sie? Wie kommt das? – Ich will es euch zeigen: In den ersten fünf Jahren müssen Eltern ihr Kind erfahren lassen, daß es Gott gibt. Das Kind muß an den Eltern erleben, daß sie diesen Unsichtbaren achten, mit ihm sprechen; ihn ernst nehmen wie jede andere Person auch. So nur wächst die Antenne des Kindes für Gott. Wenn die erste Begegnung mit Gott erst in der Schule oder im Kommunionunterricht erfolgt, dann sieht das so aus (der Prediger nimmt nun die Schüssel mit Wasser und spritzt auf den Regenschirm Wassertropfen und sagt dazu): Das sind die einzelnen Stunden, in denen der Priester oder der Katechet von Gott erzählt. Er kommt gar nicht richtig an das Kind heran. Alles bleibt nur Berieselung. Die Tropfen werden nach der Kommunionfeier abgeschüttelt, so wie jetzt das Kind die Wassertropfen vom Regenschirm abschütteln kann. – Du kannst dankbar sein, wenn du Eltern hast, die dir in dieser Richtung etwas vorgelebt haben. Dann hast du es leichter. Bei anderen gehört sehr viel Wille dazu. Oder sie müssen einem Menschen begegnen, der ihnen die Sache mit Gott liebenswert macht, der sie durch sein Leben überzeugt. So kann es auch Ausnahmen geben, die einen manchmal sogar überraschen.
Vielleicht wird als positives Gegenbeispiel auch eine Schale mit Blumen mitgebracht, die das Wasser (= Gottes Wort) aufgesaugt haben. Dazu dann Mattäus 13,3–23 (das Gleichnis vom Sämann).
Evangelium: Mattäus 7,24–27 (Wer Eltern hat, die einem das Christliche vorleben, kann viel leichter auf Felsen bauen. Die meisten bauen leider auf Sand, beim ersten Sturm fliegen sie fort).

10. Wer stellt uns Forderungen?

(ein Apfelbaumast, von einem Baum abgebrochen, der lange nicht gepflegt worden ist, so daß er alle seine Kraft in Äste und Blätter gelegt hat und keine Früchte mehr trägt)

Was fällt euch an diesem Ast auf? . . . Weil er lange nicht beschnitten worden ist, trägt er zuviele Äste, und seine ganze Kraft geht in zuviele Blätter. Wenn er überhaupt Früchte trägt, dann nur ganz kleine.
Das heißt übertragen: Wäre nur einer gekommen und hätte diesen Baum beschnitten! Der Baum sind wir. Unsere oft eigensüchtigen Wünsche müssen beschnitten werden. Bei Kindern sollen das die Eltern tun. Eltern, die alles zulassen, zu wenig abverlangen, sind keine guten Eltern. Auch Jugendlichen soll noch etwas abgefordert werden.

Auf religiöser Ebene ist das genauso: Wer sich nichts abverlangt, wer öfter „keine Lust" hat, wird kaum Früchte zeigen.

Evangelium: Mattäus 7,13.14 (Geht den engen Weg, geht durch das enge Tor).

11. Eine Stütze sein!
(ein Stützstab für junge Bäume)

Heute habe ich aber schwer zu tragen gehabt. Warum setzt man einen solchen Stützstab an einen jungen Baum? (. . . Der Baum soll beim Sturm nicht umknicken.) Wann kann so ein Stützstab weggenommen werden? (. . . Wenn der Baum stark genug ist.) Aber wann ist ein Baum stark genug? Wer weiß schon, wie mächtig der Sturm ist, der noch kommt?

Es ist ein Bild für uns: Wir sind der Baum. Und ihr Jungen und Mädchen seid die kleinen Bäume, die noch so eine Stütze brauchen. Bei den Jugendlichen ist es oft fraglich: Sind sie schon kräftig, selbständig genug – mit dem Mundwerk sind sie es sicher –, sind ihre Wurzeln schon gut verankert? Denn selbst mancher Erwachsene wird ja noch entwurzelt, geknickt.

Aber bei euch Jungen und Mädchen ist es klar, ihr braucht den Stab, der euch hält. Ihr braucht Anweisungen, Gebote, Verbote; oft eine feste Hand, damit ihr gerade wachst. Eltern, die dir alles zulassen, die sagen: „Tu nur das, wozu du Lust hast", die haben den Stab schon weggenommen. Die schätzen dich kräftiger ein, als du in Wirklichkeit bist. Das kann gefährlich werden. Nicht alle Stürme sind mit „Lust" oder „Unlust" zu überwinden.

Wenn also deine Eltern manchmal noch streng sind, dann fang nicht gleich an zu meckern. Sicher, du sollst mit ihnen diskutieren, wenn du etwas nicht einsiehst. Aber oft haben die Eltern aus eigener Erfahrung den weiteren Blick für Stürme, und wenn sie auf gewissen Dingen bestehen, dann ist das nicht unbedingt Willkür.

Diesen Stützstab braucht ihr auch für euren Glauben: Eltern, die euch das Leben mit Gott erst einmal *vorleben*, Eltern, die sich und euch in diesem Punkt etwas abverlangen. In einigen Jahren wirst du es zu schätzen wissen. Und was falsch war, kannst du ja, wenn du einmal Stütze für andere bist, besser machen.

So ein Stützstab will auch die Kirche sein. Mit ihren Geboten zum Beispiel. An ihnen sollst du dich erst ausrichten. Irgendwann mußt du allerdings anfangen, auch hier alles an deinem eigenen Gewissen zu prüfen.

(Es ist interessant und heikel, auf die oben genannten Stürme näher einzugehen . . .!)

Evangelium: Jesus war eine Stütze für viele Menschen (einen Bericht aussuchen, in dem Jesus anderen hilft, andere zurechtweist, andere aufrichtet).

12. Auf Zerreißproben vorbereiten!
(zwei Springseile; eins ist in der Mitte fast durchgescheuert)

Es kommen auf jeden Menschen Zerreißproben zu. Dazu zwei Beispiele: Peter und Gaby.

Das ist der Peter (der Prediger hebt das fast kaputte Seil hoch). Er sagt oft: „Ich habe keine Lust, jetzt was zu tun", oder: „Die Bananenschale wird schon einer aufheben", oder: „Was soll ich mich in der Schule anstrengen? Es geht mir doch gut!", oder: „Beten? Dafür bin ich jetzt zu müde", oder: „In die Kirche gehen? Da weiß ich was Besseres", oder: „Gott? Den hab' ich noch nie gesehen!"

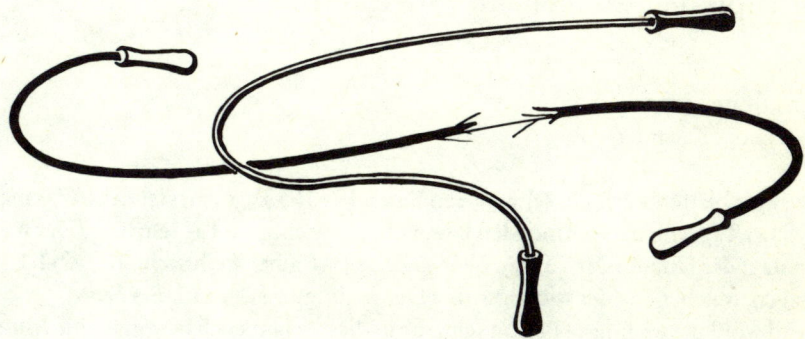

Wenn auf den Peter später eine schwierige Situation zukommt, eine Zerreißprobe, dann sieht das so aus (zwei Jungen kommen nach vorne, nehmen das Seil an beiden Enden und ziehen; das Seil reißt auseinander): versagen, vergammeln, trinken, innerlich zerbrechen.

Das ist Gaby (der Prediger nimmt das andere Seil in die Hand und hebt es hoch): Sie ist hilfsbereit, zuverlässig, versucht gegen Ungerechtigkeiten anzugehen; trainiert ihren Körper, kann verzichten.

Sie hat auch Zeit für Gott, behandelt ihn auch sonntags nicht wie Luft; sie versucht Jesus, ihrem Vorbild, nachzueifern.

Wenn auf sie eine Zerreißprobe zukommt, hält sie stand, auch bei großen Belastungen. (Die beiden Jungen können jetzt wieder das Seil auseinanderzureißen versuchen. Aber es wird ihnen nicht gelingen.)

Ich suche welche unter euch, die so werden wollen wie die Gaby.

Diese Predigt kann auch anders beginnen: Ein Erwachsener gibt Peter und Gaby, die ihr dünnes „Lebensseil" schon in den Händen haben, immer mehr Fäden (= Ausdauer, Fleiß, Hilfsbereitschaft . . .). Gaby dreht und flechtet diese Fäden in ihr „Lebensseil"; Peter ist zu lahm dazu. Gaby ist darum später größeren Zerreißproben gewachsen.

Evangelium: Mattäus 7,24.25 (Man kann nicht zwei Herren dienen).

Andere Ideen

Thema: Auf den Frieden in der Familie mußt du aufpassen wie auf Glas! – Ein Wasserglas in die eine Hand nehmen, den Hammer in die andere: Bei Auseinandersetzungen in der Familie ist es oft so, wie wenn einer mit einem Hammer auf ein Glas schlägt. Schlägt er zu hart, gibt es Scherben (vormachen!). Manchmal ist der Schaden nicht mehr zu heilen. Paulus (Kolosser 3,12–17) rät uns: Umschließt lieber beide das Glas (ein weiteres Glas mit mehreren Händen umschließen): So ist es besser geschützt! (Ausführlicher: Blasig, *Sonntag für Kinder* 4, S. 39ff)

Zeichenpredigt zu Neujahr (Silvester)

13. Ein neues Jahr
(ein neuer Kalender)

Der Prediger blättert in einem sehr großen Kalender: 365 Tage, wieviel Zeit! Was meint ihr, welcher Tag wird im kommenden Jahr wohl der wichtigste Tag sein?... (Der Kommuniontag, der Urlaub, der Tag, an dem es Zeugnisse gibt, Weihnachten...?) Ich will euch sagen, welcher Tag der wichtigste ist: Der wichtigste Tag ist immer *heute*.
Wer wird wohl die wichtigste Person sein, die in diesem Jahr euch begegnet: die Mutter, der Vater, dein Bruder...? Ich will es euch sagen: Derjenige, der dir gerade begegnet, ist der Wichtigste; denn in *jedem* begegnet dir Christus.
Was wird wohl die wichtigste Tat in diesem Jahr sein?... Ich will es euch sagen: Die wichtigste Tat ist, immer, in jedem Augenblick, das Gute zu tun.
Evangelium: Lukas 2,16–18 (nach Steinwede, *Zu erzählen deine Herrlichkeit*, S. 18: Der Erlöser der Welt – ein Kind?).

Andere Ideen

1. *Thema:* Mit dem Segen Gottes das Jahr beginnen. 2 große Hefte werden gezeigt: Eins ist vollgeschrieben (= altes Jahr), das andere leer. Im leeren neuen Heft (= neues Jahr) steht auf der ersten Seite groß und schön geschrieben: Im Namen Jesu = Jesus soll der Herr sein im Jahre 19. . (Ausführlicher: Blasig, *Sonntag für Kinder* 1, S. 49ff)
2. *Thema:* Was kommt auf uns zu? – Wie ein großes Knäuel Wolle liegt das Neue Jahr vor uns. Den Anfang des Fadens = des Jahres haben wir in Händen, aber was kommt dann? Knoten, Probleme, Enttäuschungen...? Um uns hindurchzufinden, suchen wir eine Hilfe: Jesus sagt, was wichtig ist (Mattäus 19,16–23). (Ausführlicher: Heiserer, *Gottesdienst-Modelle*, S. 30f und 39ff; siehe hierzu auch das Gedicht „Was wird das neue Jahr mir bringen?" in Krenzer u.a., *Kurze Geschichten*, S. 212f)

3. *Thema:* Ohne Angst das Neue Jahr beginnen. Ein leeres Paket steht auf einem Tisch. Es hat ein kleines, etwa 2 cm großes Loch. „Schau bitte hinein, was darin ist!" Wir erkennen nichts darin. So wissen wir auch wenig von den 365 Tagen, die jetzt noch kommen. Aber Angst brauchen wir nicht zu haben; wir gehen ja nicht allein . . . (Numeri 6,22–27) (Ausführlicher: Blasig, *Sonntag für Kinder* 4, S. 43 ff)
4. Gutscheine aus dem Kalender schneiden: s. Zeichenpredigten zum Advent, „Andere Ideen", Nr. 2.
5. Sprechspiel mit Kerzen im Stil: Wir zünden dieses Licht an für den Monat Januar. Wir bitten um Frieden in unseren Häusern und in der ganzen Welt . . . in Hoffsümmer, *Wir freuen uns*, S. 36.

Zeichenpredigt zum Friedenssonntag

14. Ein Schritt näher zum Frieden
   (eine Rolle Stacheldraht und eine rote Rose; die rote Rose ist vorerst versteckt)

(Vgl. die Rose, die an der Verlade-Rampe vor dem ehemaligen KZ Auschwitz-Birkenau gleichsam aus dem Stacheldraht wächst.)
Stacheldraht hast du schon gesehen. Wo . . .? Wozu dient Stacheldraht? . . . (Zur Abgrenzung gegen andere.) Stacheldraht wird in der Mauer zwischen Völkern gebraucht, Stacheldraht wird gebraucht, um Gefangene festzuhalten, und im KZ war er sogar unter Strom gesetzt. Stacheldraht wird an Frontlinien ausgerollt gegen den Feind, gegen Demonstranten. Stacheldraht ist ein Zeichen der Spaltung.
Es gibt Menschen, die haben Stacheldraht um ihre Herzen. Das ist oft noch schlimmer. Sie sind unbarmherzig gegen einen, der einen Fehler gemacht hat. Sie wollen sich nicht erweichen lassen, oft nicht gegenüber ihren eigenen Kindern. Stacheldraht haben auch viele um die Herzen, wenn sie das Leid in der Welt sehen und doch nicht helfen.
Und jetzt paßt gut auf, was ich mache (der Prediger nimmt die versteckte Rose, eine schöne lange rote Rose, und steckt sie in die Rolle von Stacheldraht): Was sagt ihr dazu? . . . (Es ist ein Zeichen der Versöhnung, des neuen Anfangs, der Überwindung von Gegensätzen, ein Zeichen des guten Willens.) Wir müssen oft ein solches Zeichen setzen: Zeichen der Versöhnung zwischen den Völkern, zwischen den einzelnen Häusern und auch innerhalb der Familie.
Evangelium: Markus 9,49–50 (Haltet Frieden untereinander); Mattäus 18,21.22 (Der Christ verzeiht immer wieder); oder Römer 12,18–21 (Besiege das Böse mit dem Guten); oder 2 Timoteus 2,22–26 (Bemühe dich um Gerechtigkeit, Glaube, Liebe und Frieden); oder aus Jesaja 9 und 2 (Aus den Schwertern Pflugscharen schmieden).
In dieser Form sind viele Predigten möglich, z.B.: einen abgebrochenen Flaschenhals

oder Scherben mitbringen: Wo werden diese Scherben gerne einbetoniert . . .? (Gefangenenlager, Zuchthäuser . . .) Auf diese Problematik eingehen. Und immer wieder die rote Rose als Zeichen der Versöhnung irgendwann in den mitgebrachten Gegenstand legen.

Oder einen Spielzeug-Panzer mitbringen und sonstiges Kriegsgerät aus der Kinderstube. Auf die Problematik des Krieges eingehen . . . Und irgendwann wieder die Rose als Zeichen der Umkehr.

(Vgl. die Arbeitshilfe *Schritte zum Frieden*, hg. vom BDKJ und den bischöflichen Hauptstellen für Jugendseelsorge, Düsseldorf; vgl. auch: *Arbeitskreis Kindergottesdienste*, S. 25f)

Es gibt einen Schlager von Udo Jürgens, der gut zum Thema paßt: „Zeig mir den Platz an der Sonne, wo alle Menschen sich verstehn . . .“ (Ariola 85 700 IT).

Zeichenpredigten zum Fest der Erscheinung des Herrn

15. Die Weisen aus dem Morgenland
   (drei Sternsinger)

Diese Predigt kann auch der Anlaß sein, überhaupt das Dreikönigssingen in der Pfarrei einzuführen.

Habt ihr schon irgendwo einmal solche mit Gewändern und Kronen geschmückte Sternsinger gesehen . . .? (Die Zeitungen, das Fernsehen sind in diesen Tagen ja voll davon.) Wir wollen diese Sternsinger einmal interviewen.

(An dieser Stelle kann ein regelrechtes Interview stattfinden: Warum zieht ihr durch die Häuser? Bekommt ihr auch selbst etwas dafür? Tun euch nachher auch die Füße weh? Warum tut ihr das? . . .) Dazwischen kann eingestreut werden, wie es zum Dreikönigssingen kommt. Früher machten das sogar Erwachsene; jetzt ist es von der Mission aufgegriffen worden: Tausende von Kindern in Deutschland sammeln; 1975 sind schon über 4 Millionen Mark durch diese Kinder gesammelt worden . . .

Zum Schluß tragen die drei Sternsinger den Text vor, den sie in den Häusern sagen, vielleicht auch noch ein Lied (Lieder und Texte sind örtlich sehr verschieden). Alle drei sagen:

Christus segne dieses Haus
und die drin gehen ein und aus.
Die Liebe sei mächtig, der Haß sei verbannt,
das wünschen die Weisen aus dem Morgenland.
Kaspar (Verbeugung) – Melchior (Verbeugung) – und Baltasar (Verbeugung):

Die Heiligen Dreikönige sind da!
(Baltasar:) Die Weisen aus dem Morgenland,
sie suchten und fanden Christus, den Herrn.
(Melchior:) Wir finden ihn heut' in den Kranken und Armen;
so bitten wir euch um euer Erbarmen.
(Kaspar:) Gebt reichlich, die ihr Geld habt und Brot,
soviele Menschen leiden noch Not.
Prediger: Dann schreibt ein Erwachsener, der die Gruppe begleitet, jedem, der möchte,
auf seinen Türbalken mit Kreide:
19 + C + M + B + 78:
Christus segne dieses Haus (Christus Mansionem Benedicat).
(Vgl. Angulanza, *Kinder*, S. 75 ff)
Evangelium: Mattäus 2,1 – 12 (Die Magier aus dem Morgenland).

16. Die Geschenke der Weisen
   (Gold, Weihrauch und Myrrhe)

Überall auf den Bildern haben die (drei) Weisen Geschenke in der Hand, sie wollen dem Kind in der Krippe das Beste schenken, was sie haben. Was waren das für Geschenke? . . . Ich habe sie euch mitgebracht: Diese schöne Dose, vergoldet; ein Gefäß, in dem Weihrauchkörner sind; und hier diese schöne Salbdose. Alle drei Geschenke sollen etwas aussagen:

Das *Gold* weist hin auf den Reichtum eines Königs; in Christus wird der König gesehen.

Weihrauch: Ihr habt schon oft gesehen, daß mit Weihrauch Gott geehrt wird; in einem feierlichen Hochamt z.B. wird mit dem Weihrauchfaß der Altar beweihräuchert, das Kreuz, das Evangelienbuch, die verwandelten Gaben von Brot und Wein, und in einer Andacht die Monstranz, und oft auch die Gestalt des Priesters, in dem wir auch in der Messe Christus sehen können. Letztlich soll damit Gott geehrt werden. Diese Gabe des Weihrauchs weist auf Jesus hin, der *Gott* ist.

Myrrhe ist ein wohlriechender Saft, der aus einem Balsambaum fließt. Damit wurden Leichname einbalsamiert, eingerieben. Die Juden glaubten, daß ein Verstorbener keine Ruhe findet, wenn der Leichnam nicht einbalsamiert wird. Darum kommen ja auch die drei Frauen ganz eilig am Ostermorgen, um den Leichnam Jesu einzubalsamieren, was sie am Sabbat nicht tun durften. Die Myrrhe weist also auf Jesus hin, den Menschen, der einmal sterben wird; der wie wir durch Leid und Kreuz zu gehen hat.

In diesen Gaben wird uns also das Wichtigste von Jesus gezeigt: Er ist Gott, er ist Mensch und unser König.

Ob auch wir ihm – wie die Weisen – das Beste als Geschenk bringen?

(Siehe auch: Dezernat für Pastorale Dienste, *Gottesdienste*, S. 71 f: Jeder Gottesdienst-
teilnehmer bekommt ein Weihrauchkorn und legt es auf die glühenden Kohlen)
Evangelium: Mattäus 2,1–12 (Die Weisen aus dem Morgenland; nach Steinwede, *Zu
erzählen deine Herrlichkeit*, S. 22 f).

Zeichenpredigt zur ökumenischen Gebetswoche

17. Daß alle eins seien!
(ein großes Plakat mit einem aufgezeichneten Kreuz und eine Schere)

(Es ist auch leicht möglich, daß mehrere Jugendgruppen solche Plakate mit aufgezeichneten Kreuzen an die Wände ringsum geklebt haben, nachdem sie das Kreuz entweder längs
oder quer durchgeschnitten und die Teile in einem Abstand von etwa 10 cm unter- oder
nebeneinander geklebt haben.)
Der Prediger hält das Plakat hoch: Das Zeichen des Kreuzes. Das Zeichen aller Christen.
Das Zeichen unseres gekreuzigten Jesus. Er wollte, daß alle Menschen an ihn glauben.
Daß sich alle Menschen Christen nennen. Aber im Laufe der Jahrhunderte ist Furchtbares geschehen. Ich zeige es euch. (Der Prediger nimmt die Schere und schneidet das
Kreuz durch, vielleicht sogar in viele Teile.) Wer kann mir sagen, wieso ich da recht
habe . . .?
Weiter kann man auf die Bemühungen eingehen, die heute bestehen, um dieses Kreuz
wieder zu einen. „Tun, was uns eint." Das Leitthema eines der ökumenischen Sonntage.
Evangelium: Johannes 17,20.21 (Daß sie eins seien).

Andere Ideen

1. Bei einer Predigt in einer evangelischen Kirche kann man all die Gegenstände mitbringen, die zu
Mißverständnissen beitragen und „aus erster Hand" einmal erklären: Weihrauchfaß, Ewiges Licht,
Kreuz mit Corpus, Weihwasserkessel mit Aspergill, ein Marienbild, die Monstranz, Heiligenbilder
oder -reliquien, eine Kreuzwegstation . . . (s. auch Adam, *Arbeitshilfe*, S. 141–160)
2. Oder man kann eine „lebendige Person" aus katholischem Raum als Interviewpartner mit in die
evangelische Kirche nehmen (wie natürlich auch umgekehrt): z.B. eine Ordensschwester, Pfarr-
assistentin, ein Mitglied des Kirchenvorstandes oder des Pfarrgemeinderates . . .
3. *Thema:* Einigkeit macht stark. Liktorenbündel, das als Bündel nicht zu brechen ist. (Ausführlicher: Blasig, *Sonntag für Kinder* 2, S. 103 ff; s. auch Zeichenpredigt Nr. 99)
4. Eine zerbrochene Schale aus Ton, deren Teile langsam wieder gekittet werden = Oekumenische
Bewegung: s. Hoffsümmer, *Wir freuen uns*, S. 44 f.

36

Zeichenpredigten zur Fastnachtszeit

18. Legt eure Masken ab!
(eine oder mehrere Masken)

In diesen Tagen laufen alle gerne mit Masken herum . . . Du kannst mir sicher welche nennen . . .? Es gibt Menschen, die laufen ein ganzes Jahr mit Masken herum. (Vielleicht hier das Anspiel aus Longardt, *2 × 12 experimentelle Andachten*, S. 114, gekürzt:)
Fräulein A: Guten Tag! Bitte, was wünschen sie? Kunde: Ich brauche eine sehr freundliche Maske, eine lächelnde Herrenmaske. Fräulein A: So etwas haben wir in großer Auswahl. Die meisten unserer Masken sind fröhliche Gesichter. Kunde: Genauso etwas suche ich! Für wie lange verleihen Sie? Fräulein A: Längstens für 14 Tage, mein Herr! Kunde: Oh, dann ist es sinnlos! Ich brauche sie für das erste Vierteljahr in meiner neuen Stellung! Auch wenn es mal heiß hergeht und problematisch wird, wollte ich immer ein lächelnd-gelassenes Gesicht zeigen!
Man kann auch Beispiele erzählen oder spielen lassen. Z.B. als Erzählung: Ein Mädchen stiehlt laufend, bis es auffällt. Bis zu diesem Zeitpunkt hielten sie alle für nett und brav. Oder: Die Mutter ist stolz auf ihr Kind, das soviel Taschengeld ins Opferkästchen wirft, weil es zeigt, wie es an andere denkt. Aber es holt sich Pommes frites dafür. Beispiele lassen sich finden bis hin zu Lebenslügen von Erwachsenen. Lebenslügen der Unehrlichkeit, des Protzertums, der Scheinwelten . . .
Vor Gott müssen wir alle Masken ablegen; er schaut hinter jede Maske.
Evangelium bzw. *Lesung:* Psalm 139,1–3
> Herr, du erforschst mich und kennst mich.
> Ich sitze oder stehe auf, so weißt du es;
> du verstehst meine Gedanken von Ferne.
> Ich gehe oder liege, so bist du um mich
> und siehst alle meine Wege (nach Zink).

19. Gott liebt alle Menschen
(ein Kind in Cowboy-Uniform, in Prinzessin-Uniform, ein Kind als Kind – Pippi-Langstrumpf-Kostüm – und ein Unkostümierter)

(Man kann einige Kinder vorher bitten, sich so zu kostümieren, oder man sucht sich – bei uns dürfen die Kinder am Fastnachtssonntag in Kostümen in die Kirche kommen – aus der Menge die entsprechenden Kostüme heraus.)
Der Prediger stellt sich hinter die einzelnen Kinder und charakterisiert die einzelnen Kostüme etwas: Der Räuber, der über andere herrschen will; die Prinzessin, die schön und

reich sein will; ein Kind, das toben und möglichst lange Kind sein will; und ein Unkostümierter, ein Mensch wie du und ich, der sonntags in die Kirche geht.

Frage des Predigers: Stellt euch vor, Jesus stände hier und wollte dieses Heilige Buch, die Bibel, dem geben, den er am meisten liebt, damit derjenige daraus vorlesen soll. Wem würde er es geben?

Bevor ihr die Frage beantwortet, will ich euch die einzelnen noch besser vorstellen; wenigstens wie sich Jesus zu ihnen verhalten hat. Zu Räubern, Zöllnern, Ehebrechern und dem Mörder am Kreuz hatte Jesus ein gutes Verhältnis. Er sah ihre Reue – und kümmerte sich um sie.

Dem reichen Menschen sagte Jesus, kümmere dich um etwas, was noch wichtiger ist. Zu den Kindern sagte Jesus (der Prediger geht immer hinter die entsprechende Person), lasset die Kinder zu mir kommen, sie können noch vertrauen, staunen, sind ehrlich, unverbildet . . . Dem Frommen hat er übel genommen, daß er sich selbst gut findet, auf seine guten Taten stolz ist und vielleicht sogar darauf, daß er noch in die Kirche geht.

Jetzt hab' ich euch richtig durcheinander gebracht . . . Noch einmal die Frage: Wen liebt Jesus am meisten, und wem würde er das Buch geben? (Hier kann man abstimmen lassen, aber auch fragen, ob einer noch eine andere Antwort weiß . . .)

Prediger: Keiner von euch hat richtig geraten. Jesus liebt sie alle. Gott liebt alle Menschen. Jesus kümmerte sich allerdings mehr um die, die es nötig hatten. Nur wir machen oft Unterschiede: „Der ist reich, der soll mal was abgeben"; „der hat gemordet, dem gehört der Kopf ab"; „der ist schwarz und deshalb dreckig"; „der ist gelb, vor dem habe ich Angst"; „der ist dick und steif, den lasse ich nicht mitspielen".

Gott verhält sich da anders! Ob wir das jemals auch tun werden? (Gekürzt nach Kugler, *Familiengottesdienste*, S. 138 ff)

(Vgl. auch Predigt Nr. 130: Gott ist gerecht.)

Evangelium: (Tiefe Freude ist erst dadurch möglich, daß Jesus unsichtbar bei uns ist, daß Gott uns nahe ist:) Mattäus 11,28.29 (Kommt doch alle zu mir, die ihr müde seid . . .)

Hier läßt sich auch – vielleicht nach der Kommunion – in einem Gebet folgendes vortragen (von einem schwarzgefärbten, gelbgefärbten und weißen Kind):

1. Kind:	Alle Kinder dieser Erde, denkt daran, sind vor Gottes Angesicht eine riesige Familie, ob sie's wissen oder nicht.
2. Kind:	Der Indianerbub im Westen und aus China Li-Wang-Lo, auch der schwarze Negerjunge und der kleine Eskimo.
3. Kind:	Alle sind genauso gerne froh und lustig auf der Welt. Freu'n sich über Mond und Sterne unter gleichem Himmelszelt.
1. Kind:	Spielen, lernen, singen, lachen, raufen sich auch mal geschwind. Alle sind sie Gottes Kinder, welcher Farbe sie auch sind.

(Christel Süssmann; vgl. dazu auch *Vorlesebuch Religion*, Bd. 1, S. 122)

Andere Ideen

1. *Thema:* Das himmlische Kleid. Ein Kind von einigen im Faschingskostüm muß so gekleidet sein, daß ein schönes Gewand über sein schäbiges (oder statt seines schäbigen) getragen werden kann. Paulus hat sich (2 Korinther 4,16–5,5) die Herrlichkeit bei Gott wie ein besonders schönes Kleid vorgestellt, das aus einem „irdischen" einen „himmlischen" Menschen machen wird . . . Erst müssen wir aus dem Kleid des irdischen Lebens heraus (= Tod = das Kind zieht sein altes Gewand aus), dann kann das Gewand des ewigen Lebens angezogen werden . . . (Ausführlicher: Blasig, *Sonntag für Kinder* 1, S. 91 ff)
2. *Thema:* Freude. Eine Luftschlange mitbringen: Eine Luftschlange erzählt . . . Vgl. Angulanza, *Kinder,* S. 111 ff, und Blasig, *Sonntag für Kinder* 4, S. 93 ff.

Zeichenpredigten zum Aschermittwoch

20. Zerfällt alles in Staub?
(ein buntes Bild und Streichhölzer zum Verbrennen)

Ist dieses Bild nicht schön? Seht mal hier hinten die Berge . . ., hier vorne der See und das Boot darauf . . ., und hier dieser schöne Baumstamm . . . Habt ihr es euch gut eingeprägt? Jetzt paßt auf, was ich tue: (Der Prediger zündet jetzt das Bild an der einen Seite an und

läßt es langsam ganz verbrennen. Achtung: eine Schale muß bereitstehen, um das noch glimmende oder brennend herabfallende Papier aufzufangen.) Prediger: Seht ihr: Nur noch ein bißchen Asche ist übriggeblieben. Aber: Du kannst mir noch sagen, was auf dem Bild zu sehen war . . . So könnte ich alle Gegenstände, die wir lieben, in Asche verwandeln: das Fernsehen, dein Kinderzimmer, ein Auto . . . Ja, so furchtbar das ist, wenn du selbst verbrennen würdest, es bliebe auch nicht mehr übrig als Asche. Und doch: Das schöne Bild hast du nicht vergessen. Es ist fort, aber du hast es noch in dir. Und so ist das auch mit dir: Wenn dein Körper in Asche zerfällt, es bleibt dieses Innere von dir am Leben. Dieses „Innere" nennen wir die Seele. Wenn du also heute mit Asche ein Kreuz auf die Stirne bekommst, dann sollst du daran denken: Wir sind Asche, Staub, und kehren zum Staub zurück im Tod. Aber nicht alles wird zerstört. Das innere Bild, die Seele, bleibt. Und jetzt in dieser Zeit, der Fastenzeit, sollen wir uns anstrengen, dieses innere Bild zu ändern: schöner zu machen. Das geht nur durch Verzichten und dadurch, daß wir gegen die schwachen Punkte angehen.

Vergiß aber nicht: Am Ende der Fastenzeit steht die Auferstehung von Jesus. Wenn dein Körper in Staub zerfällt, steht danach die Auferstehung des „Inneren", auch für dich. (Wem die Deutung des Inneren = der Seele zu sehr griechisch-platonisch erscheint, kann die Predigt auch in folgender Richtung führen: Gott „erinnert" sich. Er läßt uns nicht verkommen. Er schafft uns neu. Seine Liebe und Treue sind unsterblich.)

Evangelium: Lukas 7,11–17 (Der Junge von Nain; nach Steinwede, *Zu erzählen deine Herrlichkeit*, S. 70 ff).

21. So vergeht die Herrlichkeit der Welt

(Palmzweig vom vorigen Jahr und das Nötige zum Verbrennen dieses Palmzweiges)

Das habt ihr schon einmal gesehen, erzählt mal . . . Woher habe ich das . . .? Es ist schon ganz ausgedörrt. Seht, ich kann es richtig zu Asche zerreiben. In diesen Tagen geht der Küster hin, nimmt den Palm vom vorigen Jahr, den er aufbewahrt hat, und verbrennt ihn. Das wollen wir auch einmal tun . . . Was bleibt übrig? Und das ist die Frage an all die Dinge, die wir lieben: Was bleibt davon übrig? Alles zerfällt in Staub und Asche. Daran will uns dieser Tag erinnern. Der Aschermittwoch.

Wenn der Papst an seinem Krönungstag mitten in seinem „Pomp" daherkommt, wird vor ihm ein Stück Werg, das ist so ein Stück Flachsabfall, verbrannt und dazu gesagt: „So vergeht die Herrlichkeit der Welt." Dreimal wird ihm das vorgeführt.

Das ist ein sehr eindrucksvolles Zeichen, das auch uns zum Nachdenken bringen soll: Was hat Bestand? worauf kommt es im Leben an? Und wenn du zu einem Schluß kommst, dann ändere dein Leben so, daß du das richtige Ziel erreichst. Daran sollst du denken, wenn du gleich mit dieser verbrannten Asche aus Palmzweigen das Kreuz auf die Stirn bekommst.

Evangelium: Ausschnitte aus Mattäus 6,1–6.16–18 (Seid nicht scheinheilig); oder Lesung aus 2 Korinther 5,20–6,2 (Gebt acht, es ist die Zeit der Gnade); oder Lesung aus Joel 2,12–18 (Zerreißt eure Herzen und nicht eure Kleider); oder Jona 3–4 (Die Bekehrung von Ninive).

22. Sind wir schon angefault?

(faules Holz, herausgesägt aus einem lebenden, angefaulten Eichenstamm)

Gestern abend bin ich noch im Wald gewesen . . . an einem Baum, einem Eichenbaum, ungefähr 20 m hoch. Ein schöner Baum. Und unten am Stamm habe ich etwas Schlimmes entdeckt: Da ist das Holz angefault: Ich konnte mit der Hand das morsche Holz herauspflücken. Dieses Stück hier habe ich dann herausgesägt. Seht, ich kann es richtig zerreiben. Starkes Eichenholz war es einmal. Wenn man diesen Baum retten will, muß man schnell handeln: Alles Faule herauskratzen bis in das gesunde Holz hinein und den Baum dann mit Beton abstützen.

Der Baum ist ein Bild für uns Menschen. Du weißt ja, wenn du dich an irgendeiner Stelle des Körpers entzündest, vielleicht in einen rostigen Stacheldraht getreten bist, dann ist es sehr schnell möglich, wenn das Gift durch die Blutbahn geht, daß du in Lebensgefahr gerätst. Faule Stellen bei dir können sein: Lügen, manchmal bis zur Lebenslüge; manchmal merkt man sie gar nicht mehr, bis ins innerste Mark einer Person. Faule Stellen bei dir können sein: Wenn du nicht verzichten kannst, wenn du ein Egoist geworden bist. Oder wenn du nicht mehr mit Gott sprichst. Diese Fäulnis geht sehr schnell weiter: Eines Tages wirst du sagen müssen, ich glaube nicht mehr an Gott; denn er war ja schon in der letzten Zeit immer für dich nur Luft. Heute ist ein Tag, an dem du überlegen kannst, wo du faul bist, ob die Fäulnis so stark ist, daß man dich noch retten kann. Alles mußt du herauskratzen, alles Morsche muß fort. Das tut weh. Aber, wenn du vor Gott leben willst, dann mußt du dich schon ändern: Hilfsbereiter sein, teilen können, Gott ernst nehmen. Das Aschenkreuz sagt dir: Irgendwann müssen wir sterben. Keiner weiß, wann. Und in der Zeit, die uns bleibt, müssen wir aufpassen: Wir dürfen nicht innerlich faul werden.
Evangelium: Vgl. Nr. 20 und 21.

Andere Ideen

1. *Thema:* „Denk daran, daß du Staub bist!" – Ein kleiner Haufen Holzstücke wird kommentierend neben dem Altar zu Staub verbrannt. Wenn Tote verbrannt werden, bleibt auch nur Asche übrig. Es stimmt also: Staub bist du . . . Dann wird etwas von der Asche des Feuers mit der vorbereiteten Asche zum Aschenkreuzausteilen vermischt. (Ausführlicher: Blasig, *Sonntag für Kinder* 2, S. 13 ff) (Statt Holzstücken sind auch Luftschlangen oder Tageszeitungen möglich.)

2. *Thema:* Laßt uns unsere Fehler verbrennen! – Ein Scheiterhaufen aus Holzstückchen wird neben dem Altar entzündet. Die Holzstückchen sind: Unsere Lügen, Heuchelei, mangelnde Hilfsbereitschaft, unser schlechtes Beispiel, unsere Sehnsucht nach einem zügellosen Leben . . . Wie sieht die Wiedergutmachung aus? (Galater 5,13–26 in Auswahl) (Ausführlicher: Blasig, *Sonntag für Kinder* 3, S. 101 ff)

3. *Thema:* Wichtig ist das, was bleibt! – Was bleibt von dieser Tulpe oder von dieser Schokolade, wenn ich sie *verschenke*?: Freude! Auch wenn der Gegenstand schon gar nicht mehr da ist: Sie ist noch da . . . Wenn wir Geduld, Freundlichkeit, Güte . . . (Galater 5,13–26) schenken, was bleibt dann von uns in dieser Welt! (Ausführlicher: Lorenz u.a., *Von Gott will ich singen*, S. 35 ff)

Zeichenpredigten zur Fastenzeit

23. Schau in den Gewissensspiegel!
(schöner Handspiegel)

a) Ein Mädchen oder ein Junge schaut in diesen Spiegel, dann möchte sie oder er etwas feststellen; was meint ihr wohl? Und wenn sie oder er mit dem Gesicht ganz nahe geht, können sie noch etwas erkennen! (Narben, Unreinheit . . .)
Den Spiegel habe ich aber nicht mitgebracht, um euch jetzt zu erklären, wie er gebraucht wird. Etwas anderes will ich euch damit sagen. Ratet einmal mit: Ich halte einen Spiegel vor mein inneres Gesicht, vor meine Seele, vor mein Denken . . . und dann kann ich auch etwas entdecken, wenn ich hinschaue; ihr könnt mir Fehler aufzählen: Pickelchen und Eiterherde in der Seele . . . (nur an sich denken, nicht nachgeben, streiten, lügen . . .)
b) Wenn also einer Häßliches entdeckt hat im Gesicht, dann haben zumindest Mädchen unter dem Spiegel gleich alles Mögliche liegen, um diese kleinen Fehler zu beseitigen. Das könnt ihr mir viel besser sagen, was da liegt . . . (Reinigungsmilch, Gesichtswasser, Creme, Make-up, Puder, Tusche, Lippenstift)
Wie kann man wohl gegen die anderen Fehler etwas unternehmen? Was meint ihr? (nachgeben, verzeihen, lieben, helfen, beten, zur Kommunion gehen, mit den Gedanken bei der Messe sein, Beichte . . .)
c) Was meint ihr, wie oft schaut ein Junge oder ein Mädchen in deinem Alter in den Spiegel? . . .
Das andere Hineinschauen ist wichtiger. Schönheit und Reinheit des Gesichtes gefallen Menschen; Gott aber schaut auf die Reinheit des inneren Gesichtes. Also mein Vorschlag: Nicht nur oft in diesen Spiegel gucken, auch in den anderen.
Und noch ein Schönheitstip an euch alle: Wer mehr an seinem inneren Gesicht arbeitet, bekommt auch ein schöneres äußeres Gesicht. Schaut mal, wie ein altes, zerknittertes Gesicht sich noch im Lächeln verklären kann.
Evangelium: Markus 10,46–52 (Der blinde Bartimäus: Herr, öffne uns die Augen, damit auch wir sehen; daß unser Blick so klar bleibt, daß wir dich, den höchsten Herrn, immer finden).

24. Das Gewissen
(enger und weiter Maschendraht)

Zuerst den verschiedenartigen Draht zeigen. Damit ist unser Gewissen zu vergleichen.
Wir sollen unser Gewissen richtig bilden: nicht zu eng und nicht zu weit.
Wenn ihr heute Bankräuber seht, die sich nichts daraus machen, Menschen abzuknallen,

die ihnen über den Weg laufen, dann haben sie ein zu weites Gewissen. Vielleicht beruhigen sie ihr Gewissen damit, daß sie denken: Wir wollen das Geld auch einmal in die ärmeren Schichten verteilen.

Dein Gewissen wäre zu weit, wenn du ohne Gewissensbisse deinem Nachbarn fünf Mark aus dem Mantel klauen kannst. Dein Gewissen ist zu eng, zu ängstlich, wenn du auf der Straße 10 Pfennig finden würdest und jetzt die umliegenden Häuser abklingelst, um herauszufinden, wer das wohl verloren hat.

Manchmal kann man Seltsames beobachten: Im selben Punkt ist bei manchen Leuten das Gewissen ganz weit und doch wieder ganz eng. Z.B. Viele Leute, die sonntags morgens lange im Bett liegen, können um drei Uhr nachts aufstehen, um einen Kampf von Cassius Clay im Fernsehen zu verfolgen. Oder Fußballfans nehmen die Strapazen auf sich, stundenlang in einer engen Straßenbahn und im kalten regnerischen Wetter zu verbringen. Oder schaut euch Jugendliche an nach 3, 4 Stunden intensivem Tanz! Oder du weißt es ja auch bei dir: Wieviele Stunden kann man für's Fernsehen opfern?! Aber nun kommt es: Wenn es um Gott geht, um Zeit für Gott, etwa sonntags, dann wird plötzlich das Denken so eng bei vielen: Da wird auf die Uhr geschaut, da dauert es so lang, da ist das Knien so anstrengend. Oder ein zweites Beispiel: Wie großzügig bist du, wenn du am Kiosk, am Büdchen stehst und dir etwas kaufen willst. Oder wie gerne lassen Erwachsene bei Anschaffungen zu Hause ruhig einen Hundertmarkschein mehr springen, denn das Beste hält ja auch länger. Aber: wenn gesammelt wird für Notleidende, wie wird dann der Pfennig umgedreht, wie gerne übersieht man dann das Körbchen. Da ist das Gewissen dann plötzlich zu eng.

Oder: Morgens sieht man schon um 6 Uhr Leute im Wald, die Gymnastik treiben, laufen, um sich äußerlich fit zu halten. Manche Leute besuchen Yogakurse, mit viel Geld- und Zeitaufwand. Aber sich Zeit für ein Gebet zu nehmen, Zeit für die Seele zu haben, so wie wir es gelernt haben: Das wird oft als überflüssig angesehen. Ich bin sicher, wenn die Leute, die in einen Yogakurs gehen, sich diese Zeit genommen hätten für eine Besinnung zu Hause, oder langsam und besinnlich ein gutes Buch, ein meditatives Buch gelesen hätten: Der Erfolg für die Seele wäre vielleicht genauso groß oder größer.

Evangelium: Mattäus 7,13.14 (Eng ist der Weg, der zum Leben führt).

25. Vom Gewissen

(ein Kompaß; oder ein nachgebautes Radargerät)

Zuerst die Kinder erraten lassen, welchen Gegenstand ich mitgebracht habe . . . Was kann ich damit machen . . .? Selbst der Nebel, die Dunkelheit können mich nicht abhalten, die richtige Richtung zu gehen. Und wenn ich an einem See vorbei muß, so daß ich aus der Richtung gehen *muß*, immer wieder kann ich das Ziel finden.

So ein Kompaß ist wie unser Gewissen. Das heißt, wenn unser Gewissen noch ausschlägt auf das Gute oder das Böse. Ihr wißt ja, wie es reagiert . . . Wenn es nicht durch Gleichgültigkeit und Bequemlichkeit verbildet ist oder du gewaltsam daran herumgespielt hast, es umgewandelt hast, dann zeigt es dir nach wie vor die Richtung an auf das Gute, auf Gott, auf Jesus.

Viele Menschen, die von Jesus (noch) nichts gehört haben – und jetzt leben ja schon wieder genug „Heiden" unter uns –, finden die Richtung zu Jesus auch, weil sie in der Suche nach dem Guten nicht aufhören.

Ob dein Gewissen noch richtig funktioniert? Ich will es jetzt einmal testen. Ich nenne euch jetzt „drei Fälle", und ihr sollt mir dann sagen, wie ihr urteilen würdet . . .

Evangelium: Lukas 9,23–26 (Unbeirrt hinter Jesus hergehen); oder: Römer 2,14–16 (Ihr Gewissen sagt ihnen, was sie tun sollen).

26. Mein Wille
(ein Auto-Lenkrad; verborgen unter einem Tuch)

Eines der wichtigsten Bestandteile eines Autos liegt da unter diesem Tuch, was könnte das wohl sein? (Benzin, Motor, Räder, Batterie . . .) Nein, ein Lenkrad. Warum habe ich das wohl mitgebracht? Sicher nicht, um euch zu zeigen, wie ich mir langsam ein Auto zusammenspare. Ich wollte euch folgendes sagen: Am Menschen ist auch vieles wichtig: die Arme, die Beine, ein gesundes Herz . . . Genauso wie all die Dinge, die ihr eben beim Auto aufgezählt habt. Aber wenn ich kein Steuerrad habe, dann lande ich im nächsten Augenblick im Straßengraben. Und so ist das auch beim Menschen: Die Arme, Beine, alles braucht eine Steuerung. Und das ist . . .? Der Verstand oder der Wille. Ich will dieses oder jenes Ziel erreichen, das ich als gutes Ziel herausgefunden habe. Wenn ich also eingesehen habe: Ich will in diesem Beruf etwas werden, ich will in diesem Fach eine bestimmte Note bekommen, dann muß jetzt der Wille hinzukommen, das Ziel auch zu erreichen. Ich kann nicht immer wieder sagen: „Ich habe keine Lust". Ich muß verzichten können. Und wenn ich als Ziel des Lebens erkannt habe: Ich möchte Menschen helfen, dann gehört dazu eine ganze Portion Wille, diesen Vorsatz auch in die Tat umzusetzen.

Oder wenn ich als Ziel des Lebens erkannt habe, daß ich Gott nicht vergessen darf, daß ich auch ihn ernst nehme, dann gehört gerade heute dazu viel Wille, dieses Ziel zu verwirklichen – gerade, wenn mich andere dabei auslachen.

Denkt also daran, wenn ihr irgendwo einen Lenker seht, ein Steuerrad: Wie steht es mit meinem Steuerrad, meinem Willen?

Evangelium: Lukas 7,1–10 (Der Hauptmann von Kapernaum läßt nicht locker, bis Jesus ihm hilft); oder: Erzählen von dem Willen des heiligen Paulus, der sich aufreibt bis zuletzt; oder: Der unermüdliche Einsatz mancher Heiligen; oder: Apostelgeschichte 4,1–22 (Petrus und Johannes vor dem Hohen Rat, ihr unermüdliches Durchhalten); oder: Apostelgeschichte 8,26–39 (Der Schatzmeister aus Äthiopien in seiner unermüdlichen Suche); und viele Gestalten im Alten Testament.

27. Die falschen Triebe abschneiden

(ein paar abgeschnittene Triebe eines Apfelbaumes)

Gestern spazierte ich an einem Obstgarten vorbei. Ein Gärtner schnitt mit einer Schere die Bäume sauber. Einen Moment habe ich zugeschaut – und richtig Angst bekommen. Der Gärtner schnitt dermaßen viel heraus, daß ich dachte, von dem Baum bleibt nicht viel übrig.

Ich kam mit ihm in ein Gespräch, und ich fragte ihn: Nach welchem Grundsatz gehen Sie vor? Sie können doch jetzt an diesem Baum ohne Blätter gar nicht sehen, ob Sie nicht einen Zweig abschneiden, der sich im Frühjahr ganz besonders kräftig zeigt und im Sommer viel Frucht hervorbringen würde. Ach, gab er zur Antwort, ich schneide so ziemlich alles zurück, dann wird die Kraft noch geballter. Aber eines schneide ich vor allem ab: Alle Triebe, die nach innen wachsen. Da verpufft nur alle Kraft des Baumes.

Ein paar von solchen Trieben, die nach innen wuchsen und abgeschnitten wurden, habe ich mitgebracht. Hier. Und mir überlegt: So ist es auch bei uns. Da müßte einer kommen und alles bei uns wegschneiden, was nach innen wächst, auf unser eigenes Ich hin. Aber alles, was nach außen wächst, auf die anderen zu, von unserem Ich weg, das soll wachsen und noch kräftiger werden.

Was meint ihr, was bei uns nach innen wächst, was bei uns weggeschnitten werden muß? Hier dieser falsche Trieb ist der Neid: Anderen nichts gönnen. Der muß weg! (Dabei wirft der Prediger den Trieb hinter sich auf den Boden.)

Oder hier: Der Trieb, alles für sich behalten zu wollen, nichts teilen zu können. Der Geiz! Er muß weg! (Auch dieser Trieb wird fortgeworfen.)

Oder hier: Im Gebet immer nur etwas für sich zu erbitten; die anderen vergessen. (Wird weggeworfen.)

Oder der falsche Ehrgeiz, nur für sich etwas erreichen zu wollen (selbst in einem Fußballspiel . . .) und zu wenig auf die Gemeinschaft einzugehen . . . (Hier kann jeder selbst noch andere falsche Triebe suchen.)

Zum Schluß: Wollen wir nicht mal tüchtig schneiden, damit nicht unsere besten Kräfte in die falsche Richtung treiben? (Siehe auch: Seidel/Zils, *Werkbuch*, S. 67: Interview mit einem Gärtner)

Evangelium: Hauptgebot (Die Richtung nach außen: Zu den anderen und zu Gott.)
    Perikopen, in denen Jesus hilft.

28. Gerüstet sein zum Kampf gegen das Böse

(ein Gürtel, ein Panzer, ein Paar Stiefel, ein Schild, ein Helm, ein Schwert)

(Am besten hat ein Kind die Stiefel und den Panzer schon an. Die Gegenstände lassen sich zur Not alle von geeigneten Personen basteln.)

Welche Gegenstände liegen hier vorne . . .? (Ein Schild, ein Helm, ein Schwert, ein Gürtel.) Und dieses Kind hat auch schon zwei Gegenstände an: Stiefel und einen Panzer. Das sieht recht seltsam aus. Der heilige Paulus hat sich dazu einmal Gedanken gemacht: Wie können wir im Kampf gegen das Böse bestehen? Welche Waffen helfen uns am besten? Ich lese euch jetzt diese Stelle ganz langsam vor. Und wenn du nachher noch weißt, was die einzelnen Dinge bedeuten sollen, dann kannst du nach vorne gehen und sie dem Kind geben und sagst laut dazu, was sie bedeuten. Also, hört gut zu:

Lesung: Epheser 6,10–18 (im Auszug)

> Paulus sagt: Es kommt darauf an, stark zu sein. Laßt euch von Jesus Kraft geben. Legt die Waffen Gottes an, damit ihr euch gegen das Böse, gegen den Satan, den großen Lügner, wehren könnt. Nur mit den Waffen Gottes könnt ihr gegen diesen unsichtbaren Gegner ankämpfen. (Und jetzt kommt es:) Euer Gürtel sei die Wahrheit, euer Panzer die Gerechtigkeit. Die Stiefel an euren Füßen seien die Bereitschaft, überall die gute Nachricht vom Frieden auszurufen. Der Schild sei euer Glaube, mit dem ihr alle brennenden Pfeile des Bösen abwehren könnt. Euer Helm sei der Schutz Gottes. Euer Schwert das Wort Gottes.

(Zur Not kann noch einmal langsam die Stelle gelesen werden, an der die einzelnen Waffen aufgezählt werden. Danach sollen die Jungen und Mädchen den Jungen, der immer noch vorne steht, mit den Waffen ausrüsten. Wichtig ist eben der Doppelsinn, was diese Waffen bedeuten sollen.)

Prediger: Das wollen wir uns also merken, die Waffen Gottes: wahrhaftig zu sein; gerecht; Menschen, die Frieden machen, wo Streit ist; die an Jesus zu glauben versuchen, die wissen, was Jesus gesagt und getan hat. Dann dürfen wir auch darauf vertrauen, daß Gott uns schützt (= Helm).

Die Stelle beim heiligen Paulus ist noch nicht ganz zu Ende. Ich will sie euch zum Schluß noch weiter vorlesen:

> Paulus sagt: Ihr fragt, wie ihr zu diesen Waffen kommt? Es gibt nur einen Weg: Betet täglich und stündlich (= versucht alles mit den Augen Gottes zu sehen), seid wach und betet immer wieder für die, die in der Gemeinde mit euch diesen Weg gehen und zu Jesus gehören wollen.

(Vgl. auch 1 Thessalonicher 5,8 oder die Geschichte von David–Goliat, in der David gegen das Böse siegt im Vertrauen auf Gottes Kraft).

29. Was uns wirklich reich macht!

(ein Tausender als Buntfoto und ein Geschenkpaket)

Dieser Geldschein kann sprechen, hört gut zu (meditativ): Ich, der Geldschein, kann euch erzählen, welche enttäuschten Gesichter ich schon gesehen habe . . . Aber auch von Freude, von falscher Freude . . . Ein Mann mußte sich für mich in Akkordarbeit krumm arbeiten – seine Frau ist gestorben, seine Kinder zu oft allein, aber er muß das Haus abbezahlen. – Welche raffgierigen, egoistischen Finger habe ich schon auf meinem Rücken gefühlt, es läuft jetzt noch kalt an mir herunter, wenn ich daran denke . . . Ich erinnere mich aber auch gerne an die schönen Finger einer strahlenden Braut, die mich geschenkt bekam . . . Auch bei einem Arzt war ich eine Zeitlang, der mit mir bezahlt wurde, weil er ein Leben rettete . . . Aber dann – ich wage es gar nicht richtig, es euch zu erzählen –: Mit mir wurde der Mord eines Kindes im Mutterschoß bezahlt . . . Und einen Alkoholiker habe ich noch mehr zugrunde gerichtet . . . Und einer wurde zum Dieb, als er mich sah . . .

Prediger: Dieser Geldschein mit all dem Schweiß daran ist ein Zeichen für die Mühen des Menschen, sein Brot zu verdienen. Geld kann furchtbar sein: Es kann uns dienen und uns zugrunde richten.

Geld ist sehr wichtig, aber täuscht euch nicht: Es ist nicht entscheidend (hier wird der Geldschein angerissen). Ob du glücklich bist, hängt nicht von der dicken Brieftasche ab; deine Gesundheit z.B. kannst du dir nicht kaufen. Noch viel weniger kannst du dir kaufen: zufrieden zu sein, gütig, selbstlos, hilfsbereit . . . die richtigen Worte zu sprechen . . . das kommt eben von *innen* (Geld kommt von außen – und nur was von innen kommt, kann uns wirklich frei machen).

Am wenigsten kannst du dir also die innere Gesundheit kaufen! Jetzt verstehst du auch, wieso der Glaube an Jesus ein Geschenk ist, um das du dich aber bemühen kannst.

Darum: Wenn du Geld hast, auch, wenn es wenig ist, mach dir Freunde damit . . . (wie geht das?) . . . nur dann bringt Geld Segen. Das hat uns Jesus gesagt. (Hier kann auf das Geschenkpaket als „Gegensymbol" eingegangen werden, wobei der Hinweis nicht fehlen darf, daß nicht nur teure Geschenke erfreuen!)

Evangelium: Lukas 12,33.34 (Verkauft eure Habe . . .); Jakobus 5,2–4; 2,14–17. (Vgl. Quoist, *Herr, da bin ich*, S. 45f; s. auch Nastainczyk, *Zeichenpredigten*, S. 259ff; vgl. auch Zeichenpredigt Nr. 73: „Nicht vom Geld allein lebt der Mensch.")

Andere Ideen

1. *Thema:* „Ihr Gott ist der Bauch" (Philipper 3,17–4,1). Zeichen des Bauches und der falschen Götter, z.B. eine Wurst, ein Fußball, ein Auto, werden von Spielern in „Besitz genommen". Ein „Prophet" versucht sie jeweils davon wegzuziehen und sie zum Kreuz zu führen. Ziel: Verzichten, um in sich noch andere Kräfte mobil zu machen. (Ausführlicher: Blasig, *Sonntag für Kinder* 2, S. 19ff)

2. *Thema:* Um das rechte Gebet. – Eine Kaffeemühle als Zeichen des oberflächlichen Geleiers beim Beten wird vorgeführt. An einem Weihrauchfaß wird das Gegenteil gezeigt: „Es" denkt nur an den, zu dem es betet. (Ausführlicher: Blasig, *Sonntag für Kinder* 4, S. 103ff)

3. *Thema:* Mit Spott müssen wir rechnen. – Eine Zeitung oder besser ein Geschichtsbuch dienen als Beweismittel, wieviel Not, Krieg und Zerstörung entstehen kann, wenn Gottes Wort nicht beachtet, ja verspottet wird. Die Untreue fängt im Kleinen an. Gott ruft uns, daß wir treu sind. (Ausführlicher: Blasig, *Sonntag für Kinder* 4, S. 113)

4. *Thema:* Der richtige Bußakt. – Am Stimmen einer Gitarre wird gezeigt, wie wir uns *innerlich* ein-

stimmen, schön machen müssen, damit alles zusammenpaßt: Rein äußerlich sieht kaum einer uns die innere Unkonzentriertheit, das innere Durcheinander an (wie auch einer verstimmten Gitarre nicht, wenn wir aber einen guten Klang bekommen wollen . . .). (Ausführlicher: Blasig, *Sonntag für Kinder* 6, S. 49 ff)

5. *Thema:* Gewissen. – An einem Radio wird demonstriert: Zuerst muß der richtige Sender gefunden und möglichst genau ohne Nebengeräusche eingestellt werden. So haben wir eine Art Empfänger von Gott mitbekommen, das Gewissen, das wir auf Gott und sein Wort einstellen sollen. (Ausführlicher: Schulz, *Katechese*, S. 35 ff) .

6. *Thema:* Gott verzeiht jedem, dem seine Sünden leid tun. – Ein Teller wird zerschlagen = so zerstört die Sünde immer etwas. Es kann gekittet werden, aber Scherben-Machen ist leichter. Risse bleiben beim Kitten zurück = mit der Reue und der Vergebung ist nicht alles in Ordnung: Es bleibt noch die Wiedergutmachung für körperliche und *seelische* Schäden. Gott hat uns das Kitten der Scherben zugesagt (z.B. im Gleichnis vom guten Vater): Er verzeiht. (Ausführlicher: Schulz, *Katechese*, S. 60 f)

7. Siehe fast alle Zeichenpredigten und Ideen unter „Aschermittwoch", besonders die Idee Nr. 2 (Vom Scheiterhaufen).

8. Siehe Idee Nr. 2 unter „Weihnachten" (Vom Stromkreis der Vergebung).

9. Siehe Einleitung III,2 (Kreuzige heute keinen Menschen).

10. Siehe Einleitung III,3 (Gottes Schönheit und Güte widerstrahlen).

Zeichenpredigten in der Passionszeit

30. Zeichen des Sieges
   (ein Palmzweig)

Früher waren manche Leute hinter so einem geweihten Palmzweig wie wild her. Sie glaubten, er halte Krankheit und Teufel vom Hause fern. Aber er ist noch ein wichtigeres Zeichen: Er weist uns auf Christus, unseren König – und unseren Sieger über den Tod. Das könnt ihr auf Friedhöfen, auf Grabsteinen oft sehen: der Palmzweig eingemeißelt als Zeichen des Sieges über den Tod.

In einem geheimen Gesicht sah der Apostel Johannes, gefangen auf der Insel Patmos: Die Heiligen standen um den Thron vor dem Lamm, vor Jesus, angetan mit weißen Kleidern und mit Palmen in den Händen. Zeichen des Sieges.

Darum ist auf Palmsonntag dieser Zug mit dem Kreuz, umgeben von Palm, ein Triumphzug, in dem wir Christus, unserem König, zujubeln. Und wenn wir den Palm zu Hause hinter das Kreuz stecken, dann sollen wir uns das ganze Jahr und eigentlich das ganze Leben daran erinnern: Christus, unser König, ist der Sieger über den Tod, und er wird auch uns nicht im Grabe lassen.

Evangelium vom Palmsonntag.

(Wieso überhaupt der Palmbaum zu diesem Zeichen werden konnte und noch weitere interessante Informationen dazu in: Forstner, *Welt der Symbole*, S. 234 ff; s. auch Willms, *Aus der Luft gegriffen*, S. 76 f: Vom Ölzweig)

31. Mich dürstet!
(ein Schwamm)

(Willms bringt in *Der geerdete Himmel*, 2.1 und 2.5, als erster dieses Zeichen. Er sieht darin ein Symbol für den Durst der Welt nach Gerechtigkeit.)
Evangelium: Johannes 19,28–30 (Jesus sprach: Mich dürstet!)
Ihr wißt, so ein Schwamm ist auf dem Meeresgrund gewachsen. Mitten im Wasser. Jetzt ist er ganz trocken. Hört ihr: Er schreit nach Wasser. Er würde es gierig schlucken. Dann wäre er wieder in seinem Element.
Es gibt viele Menschen, die sind so ausgedörrt wie dieser Schwamm. Sie dürsten gierig nach einem Lob, nach Anerkennung, nach Wohlwollen, nach einem guten Wort, nach Brot, nach Gerechtigkeit.
Vielleicht gehören wir dazu: Du und ich. Eigentlich dürstet jeder Mensch. Ohne Güte, ohne Lob, ohne Gerechtigkeit kann keiner gut leben.
Aber was geben wir oft – und was bekommen wir oft? Einen Schwamm mit Essig gefüllt. Wir bekommen etwas, das gar nicht schmeckt, unsere Probleme nicht löst. Oder wir schlagen einem die Tür vor der Nase zu, haben keine Zeit, keine Lust, hören nicht zu . . . alles Schwämme mit Essig gefüllt. Und oft reichen wir Essigschwämme einer Welt, die verdurstet, die schreit – gleich nebenan.
Jesus, so habt ihr eben gehört, bekam auch einen Essigschwamm gereicht. Darüber hast du dich vielleicht innerlich aufgeregt. Aber solange wir der Welt auch Essigschwämme reichen, sind wir keinen Deut besser als die Leute damals.

32. Der König der Juden
(ein Schild mit der dreifachen Aufschrift: in hebräisch/aramäisch, lateinisch und griechisch: Jesus von Nazaret, König der Juden – INRI)

Auf fast allen Bildern von Kreuzen und auf fast allen Kreuzen könnt ihr über dem Kopf von Jesus eine kleine Tafel sehen. Wer kann sich noch an die Buchstaben erinnern . . .?
Weiß auch einer, was diese Buchstaben bedeuten? Ich lese es euch noch einmal aus der Bibel vor:
Evangelium: Mattäus 27,35–38.
(Der Prediger zeigt das Schild mit der dreifachen Aufschrift:) Hier könnt ihr sehen, wie es damals ausgesehen hat und wie man es durch die Jahrhunderte geschrieben hat. Hier oben, das ist Hebräisch bzw. Aramäisch, dann Latein und hier in Griechisch geschrieben.

Die lateinische Schrift erscheint meistens auf dem Schild über dem Kreuz: INRI: Das I ist der Anfangsbuchstabe von Jesus; das N ist der Anfangsbuchstabe von dem Wörtchen Nazaret; das R ist der Anfang des lateinischen Wortes für König (rex); und das I ist der Anfangsbuchstabe des Wortes Juden. Also: Jesus von Nazaret, König der Juden.

Auf unserem Kreuz hinter dem Altar ist etwas Interessantes zu sehen. Das sieht man selten auf den Kreuzdarstellungen. Da hat Christus nicht nur so einen Lendenschurz, sondern auch einen richtigen Mantel an. Das ist sein Königsmantel. Ihr wißt ja noch, wie man ihn beim Verhör verspottet hat. Davon ist ja auch noch die Dornenkrone übriggeblieben. Seine Königskrone.

In manchen Kirchen ist das Kreuz während der Passionszeit, den letzten 14 Tagen vor Ostern, mit einem violetten Tuch verhüllt. Es soll uns klargemacht werden: Wir haben uns so sehr an den Anblick des Kreuzes gewöhnt, daß wir das furchtbare Leiden gar nicht mehr richtig erfassen. Wenn das Tuch am Karfreitag abgenommen wird, dann sehen wir wieder erneut, wie übel man Jesus, dem König, dem wirklichen König der Welt, mitgespielt hat.

Aber auch das Zeichen, das am Palmsonntag dazu kommt, der Palm, weist wieder auf Jesus, den König, hin: ein Siegeszeichen, ein Zeichen der Verehrung für den König. So tragen viele Zeichen dazu bei, Jesus, unseren Herrn, mit den richtigen Akzenten zu sehen.

(Nach einer Idee meines Pfarrers A. Hopmann; diese Predigt kann genauso, wenn nicht noch besser, am Christkönigsfest gehalten werden.)

Andere Ideen

1. *Thema:* „Und der Vorhang zerriß!" (Mattäus 27,51) – Ein etwa 4 × 10 m großer roter Vorhang aus Futterstoff trennt den Chorraum vom Langschiff ab. Vorhang = Eindruck, an Gott nicht heranzukommen; Gefühle von Resignation und Verzweiflung: Das wird ausgedrückt durch den „Zöllner", der sich abgeschoben fühlt, durch einen Kranken, der nach dem Sinn seines Leidens fragt, durch einen Menschen, der auf der Suche ist... An der Stelle der Passion „und der Vorhang zerriß" wird der Vorhang von der Chorseite her von zwei Helfern mit einem Ruck zerrissen. Hinter dem Vorhang wird das Kreuz inmitten brennender Kerzen sichtbar. Dann formulieren die Personen von vorhin, was sie nach langer Suche gefunden haben... (Ausführlicher: Kugler/Lindner, *Neue Familiengottesdienste*, S. 82 ff; s. auch Willms, *Aus der Luft gegriffen*, S. 62 f: Ein anderes Hungertuch – eine Theologie des Vorhangs)

2. *Thema:* Sterben, um Leben zu geben = durch den Einzug in Jerusalem liefert sich Jesus den Todfeinden aus und stirbt, um letztlich (= Ostern) doch neues Leben zu geben. An einem Weizenkorn, das in einem Blumentopf „beerdigt" wird, wird demonstriert: Es stirbt, um neues Leben (= die Ähre) zu schaffen. Ob nächsten Sonntag in diesem Topf schon etwas zu sehen ist...? (Johannes 12,24.25) (Ausführlicher: Blasig, *Sonntag für Kinder* 2, S. 46 und 48)

3. Ähnlich wie unter 2 wird bei Blasig, *Sonntag für Kinder* 4, S. 117 ff, an verschiedenen Samen-

sorten das Gleiche demonstriert: Stirb und werde! Siehe auch Willms, *Aus der Luft gegriffen*, S. 95f: Jeder bekommt ein Tütchen mit Weizenkörnern.

4. Ein neues Hungertuch mit großartigen Einfällen: Willms, *Aus der Luft gegriffen*, S. 52ff.

5. Das neue Verkehrszeichen „Kreuz": Kreuzige heute keinen Menschen! Siehe Einleitung III,2.

Zeichenpredigten zu Ostern

33. Zeichen des neuen Lebens
(Kerze/Licht, Wasser/Weihwasserkessel + Aspergill)

Wer gestern Nacht dabeigewesen ist, als wir schon Ostern feierten, der hat gesehen, wie eindrucksvoll es ist, wenn in der Dunkelheit das Licht aufleuchtet. Jeder hatte eine Kerze in der Hand. So eine Kleinausgabe wie die große Osterkerze hier. Es war dunkel in der Kirche. Und in dieses Dunkel hinein wurde die Kerze getragen. Und all die anderen Kerzen wurden von diesem einen Licht entzündet. Es wurde immer heller in der Kirche. Christus ist der Sieger über alle Finsternis, weil er den Tod hinter sich ließ. Das Licht ist ein Zeichen für neues Leben. Genauso, wenn einer sich im Wald verirrt hat und plötzlich Licht sieht: Er hat *neue* Hoffnung.

Ich habe euch *noch* ein Zeichen für neues Leben mitgebracht: das Wasser. Habt ihr schon einmal erlebt, wenn ihr vergessen habt, die Blumen zu gießen? wie sie verdurstend über den Topf hängen? Und dann hast du Wasser über sie gegossen. Du hörst richtig das Saugen, du kannst fast sehen, wie sie sich wieder aufrichten.

Oder du warst schon nach langer Wanderung erschöpft durch die Hitze. Innerlich ausgedörrt. Ohne Kraft. Und dann ein Glas kaltes klares Wasser! Das belebt dich wieder, das gibt wieder neues Leben. Deshalb ist in der Nacht gestern auch ein Kind getauft worden: Auch ihm wurde neues Leben geschenkt, ein Leben mit Gott. Das Wasser ist ein äußeres Zeichen für das, was da innerlich geschehen ist. (Vgl. Stadelmann u.a., *Spiel oder Gottesdienst*, S. 97f; s. auch Krenzer u.a., *Kurze Geschichten*, S. 196f)

Danach geht der Priester durch die Reihen und besprengt alle mit geweihtem Wasser zur Erinnerung an die eigene Taufe.

(Erklärungen zu Ei und Hase als Zeichen des neuen Lebens s. Hoffsümmer, *Wir freuen uns*, S. 47f)

Evangelium: von Ostern.

34. Das Lamm Gottes
(ein gebackenes, mit Staubzucker überschüttetes Osterlamm)

Manchmal kann man noch in Familien erleben, daß so ein Osterlämmchen zu Ostern gebacken wird. Ich habe schon oft eins geschenkt bekommen. Es ist ein Brauch, der aber auszusterben scheint. Hier jedenfalls habe ich noch eins in einer Familie gefunden.
Ahnt ihr, was dieses Lamm mit Christus zu tun hat? . . . (Aus der Fülle der Möglichkeiten kann jetzt jeder auswählen:)

a) Das Passahlamm. Sein Blut strichen die Israeliten damals an die Türpfosten und Schwellen ihrer Häuser, um vom Würgengel verschont zu werden, der alle Erstgeburt der Ägypter tötete. Das Fleisch dieses Lammes sollten sie in Pilgerkleidung, stehend und sehr schnell essen. Das wurde zur Erinnerung der Wundertaten Gottes beim Auszug des Volkes aus Ägypten alljährlich wiederholt.
b) Zur Erinnerung wurden im Tempel zu Jerusalem als tägliches Morgen- und Abendopfer Lämmer dargebracht. Eigentlich weisen sie Jahrhunderte hindurch auf das eine Lamm hin, das kommen wird, auf Christus, den Erlöser. Und Jesus stirbt ja auch zur Stunde, da im Tempel die Lämmer geschlachtet wurden.
c) Bei einem solchen Erinnerungsmahl, Passahmahl, setzt Jesus die heilige Eucharistie ein.
d) Johannes, der Vorläufer, rief seinen Jüngern zu, als er Jesus kommen sah: Seht, das Lamm Gottes, das hinwegnimmt die Sünden der Welt (Johannes 1,29).
e) Der Lieblingsjünger Johannes, auf der Insel Patmos verbannt, sieht immer wieder in geheimen Gesichten, was einmal auf uns zukommen wird. Er sieht immer wieder Jesus im Bild des Lammes: Das Lamm löst auch die Siegel der Buchrolle, in der Gottes Geheimnisse stehen.
f) Die Vollendung der Welt bildet die „Hochzeit des Lammes": „Selig, die zum Hochzeitsmahl des Lammes (Hochzeit mit der Braut = der Kirche) berufen sind!" (Offenbarung 19,9).
g) Auch in vielen Texten begegnet uns „das Lamm": im Gloria: Lamm Gottes, Sohn des Vaters. Oder vor dem Kommunionempfang: Lamm Gottes, du nimmst hinweg die Sünde der Welt, erbarme dich unser. Und dann beim Zeigen der heiligen Hostie: Seht, das Lamm Gottes . . .
h) Nicht zu vergessen die vielen Darstellungen des Lammes auf Fahnen, auf Büchern, auf Grabsteinen. (Vielleicht besitzt die Kirche sogar so etwas zum Vorzeigen.)

Alles Zeichen des auferstandenen, triumphierenden Christus.
Evangelium: von Ostern.
(Eine Menge Informationen zur ganzen Breite der Symbole gibt Forstner, *Die Welt der Symbole.* Und fast unübersehbar in 2 Bänden: Photina Rech, *Im Bild des Kosmos,* Salz-

burg-Freilassing 1966; s. auch Theodor Schnitzler, *Was die Messe bedeutet*, Freiburg i.Br. 1976)

Andere Ideen

1. *Thema:* Osterfest = Gott, der Lebensspender. – Ein Stein und eine Blume werden gezeigt: Kann sie einer von uns lebendig machen? Nein! Wir können nur das Verwelken, das Sterben aufhalten... Gott ist nicht ein Gott des Todes, so wie auch Jesus nicht im Tod geblieben ist... Deshalb ist Ostern auch ein Fest des Dankens an Gott, daß er das Leben nicht für sich behalten hat. (Ausführlicher: Schulz, *Katechese*, S. 49)

2. *Thema:* „Selig, die nicht sehen und doch glauben!" (Johannes 20,26–29) – Dieser Photoapparat eines Reporters liefert uns über die Zeitung... alle Nachrichten ins Haus. Thomas, der Zweifler, hätte auch gerne solche „Beweise" gehabt. Aber *wie* Jesus (vor und nach seiner Auferstehung) ausgesehen hat, wissen wir nicht. Nur eins ist wichtig: daß er für uns gestorben und auferstanden ist und jetzt lebt... (Achtung: noch mit der Grundregel bei Zeichenpredigten vereinbar?) (Ausführlicher: Sauer, *Verkündigung*, S. 76 f)

3. *Thema:* Angst. – Eine Mauer aus schwarzen Kartons (auf denen noch „Angst", „allein"... steht) wird um einen Jungen errichtet, bis er richtig „eingemauert" ist. Kinder reißen die Mauer der Angst ein, weil Jesus uns nahe ist (wer Angst hat, braucht Nähe) und gesagt hat: Habt keine Angst („Sturm auf dem Meer"). Und vor allem, weil Jesus die schlimmste Angst, den Tod, überwunden hat. (Vgl. Kugler/Lindner, *Neue Familiengottesdienste*, S. 80 f)

4. Schmetterlingssymbol s. Zeichenpredigten November, „Andere Ideen", Nr. 2.

5. „Neues Leben" s. Zeichenpredigten zur Passionszeit, „Andere Ideen", Nr. 2 und 3.

Zeichenpredigten zum Weißen Sonntag (oder zu Fronleichnam)

35. Das Leben mit Jesus
(eine Straßenbahn / gebastelt oder ein Obus oder ein Autoscooter)

(Es geht bei diesem Zeichen immer um die Verbindung zum elektrischen Draht. Wenn sie die Verbindung zum Strom nach „oben" halten, dann bleiben sie in Bewegung.) Habt ihr das schon mal erlebt, im Winter, wenn es gefroren hat? Wenn das Glatteis überall hängt, auch in den Bäumen, an den Drähten? Ich habe so eine Straßenbahn dann mal gesehen: Immer, wenn sie einen Moment stand, taute der Drahtbügel bis zur Oberleitung auf, bekam dann einen Stromstoß, schubste und ruckte nach vorne, und dann begann das Theater von neuem. Immer, wenn die Verbindung zum Strom klappte, dann hatte sie neue Kraft zum Fortbewegen. Sonst stand sie wieder. So ist das auch jetzt mit eurer ersten, ganz intensiven Verbindung mit Jesus durch die Kommunion. Ihr müßt diese Verbindung nach „oben" halten, dann bewegt ihr euch weiter – in Gottes Augen – vorwärts. Wer seinen „Bügel" nicht mehr an diese Kraftquelle anschließt, braucht sich nicht wundern,

wenn die Verbindung mit Gott ganz zerstört wird und nach und nach das Leben *mit* Jesus stirbt. (Vgl. Zenetti, *Kinderwelt und Gotteswort*, S. 160 f)
Evangelium: Johannes 15,1–5
   Jesus sagt: Wenn ihr mit mir verbunden bleibt, könnt ihr Frucht bringen. Nur dann. Genau wie eine Rebe nur Frucht bringen kann, wenn sie am Weinstock bleibt. Ich bin der Weinstock, ihr seid die Reben. Bleibt mit mir verbunden! Denn ohne mich könnt ihr nichts tun. (Mit Gottes Augen gesehen.)

36. Leben mit Jesus
   (eine Tischlampe)

Seht mal, ich kann so oft die Tischlampe aus- und einschalten, wie ich will, die Lampe will doch nicht angehen . . . („Sie müssen auch den Stecker in die Steckdose drücken.")
Wenn ihr so schlau seid, womit könnte ich das vergleichen . . .? Wenn ihr an Weißen Sonntag denkt . . .? (Im wesentlichen erarbeiten jetzt die Kinder das, was schon in der Predigt Nr. 35 skizziert ist.)
Evangelium: s. Nr. 35.

37. Leben mit Jesus
   (Lokomotive mit vielen Wagen; aus einem Kinderzimmer leihen)

Habe ich nicht ein tolles Spielzeug mitgebracht? Aber ich will euch natürlich damit etwas zeigen. Ich will euch zeigen, wie gut die Lokomotive die Wagen ziehen wird! (Der Prediger hat vorher die Verbindung zwischen der Lokomotive und den Wagen gelöst und läßt jetzt die Lokomotive weiterfahren.) Nanu, was ist denn jetzt los? . . . („Ja, Sie müssen auch die Wagen anhängen . . .") Gibt es denn keine andere Möglichkeit, damit die Lokomotive mit ihren Wagen zum Ziel kommt . . .? Die vielen Wagen können also nur ihr Ziel erreichen, wenn sie mit der Zugmaschine verbunden bleiben. – So sollt ihr mit Christus verbunden bleiben. Verbundensein heißt: Mit ihm sprechen, ihn in anderen Menschen sehen wollen, das Gute tun und auch: das heilige Brot essen, den Leib Christi. Und das darf ich den Kommunionkindern besonders sagen: Der Weiße Sonntag ist nur der Anfang der Freundschaft mit Jesus. Nicht der Höhepunkt. Versucht, daß ihr euch nicht selbst abhängt.

Evangelium: vgl. Predigt Nr. 35.

38. Leben mit Jesus
(eine große Wohnzimmerpflanze mit breiten Blättern, z.B. ein Philodendron)

Ist diese Pflanze nicht schön . . .? Aber ich habe etwas Furchtbares vor: Ich werde jetzt ein Blatt abschneiden, und dann will ich mal sehen, wie lange dieses Blatt weiterlebt. Was meint ihr wohl . . . (Der Prediger macht durchaus den Eindruck und hat vielleicht auch das Werkzeug in der Hand, ein Blatt an dieser schönen Pflanze abzutrennen. Aber wenn die Kinder schon eindeutig reagieren: „Sie brauchen uns das gar nicht zu zeigen, das können wir Ihnen auch sagen", dann kann man natürlich auch darauf verzichten.)
Es ist herauszuarbeiten: Ohne Verbindung mit der Pflanze kann dieses Blatt nicht mehr lange leben. Es vertrocknet, stirbt ab. Dieser Vergleich ist schon, wie in den vorangegangenen Predigten, auf unser Leben, unsere Verbindung mit Jesus zu deuten: Wenn diese Verbindung immer weniger wird, wenn es sogar bis zur Trennung kommt, dann sterben wir ab für Gott.
Evangelium: s. Zeichenpredigt Nr. 35.
Ähnlich der trockene Zweig und der Blumenstock bei Schulz, *Katechese*, S. 48 f. (Hier sind gute Gedanken auch während der Eucharistiefeier eingebaut.) Siehe auch Blasig, *Sonntag für Kinder* 5, S. 53 ff: eine schöne Topfblume und ein vertrockneter Zweig.

39. Das richtige Gewand
(ein Kommunionkleid und ein Kränzchen; ein Brautkleid und ein Schleier)

(Vorerst sind die Gegenstände noch verborgen.) Ich habe etwas mitgebracht, das ist weiß, aus Stoff und hat in den letzten Osterferien für viele Mädchen eine große Rolle gespielt? . . . Und was gehört noch dazu? (das Kränzchen)
Könnt ihr mir denn auch die Frage beantworten: Was bedeutet das alles . . .? (Es ist eine Art Brautkleid. Die Kommunionkinder sind kleine Bräute.)
Ich habe euch sogar ein richtiges Brautkleid mitgebracht. Sogar mit Schleier. Das hat mir

eins der letzten Brautpaare einmal ausgeliehen. Für wen hat die Braut sich so schön gemacht? (Für den Bräutigam) Sie denkt die ganze Zeit an ihn. Ist nur glücklich, wenn er
immer in ihrer Nähe ist; sie liebt ihn. Und das Schlimmste für sie wäre: sie würde ihn verlieren.
Jetzt könnt ihr mir auch sagen: Für wen haben sich die Kommunionkinder so schön gemacht? (Für den Bräutigam Christus) Wenn ihr wirkliche Bräute seid, dann müßt ihr
auch so denken wie eine Braut: Ich liebe Jesus, ich bin glücklich, wenn ich ganz nahe bei
ihm bin. Das Schlimmste wäre: Ich würde ihn verlieren.
Ob ihr Mädchen öfter daran denkt, wenn ihr das weiße Kleid wieder tragt: Jesus ist mein
Bräutigam. Ich bin eine Braut Christi. Ich trage ein Gewand für eine Hochzeit!
Vielleicht meckern jetzt die Jungen. Ihr seid doch leer ausgegangen! Aber das stimmt
nicht. Hört einmal zu. Ich lese euch ein *Evangelium* vor:
Mattäus 22,1–14 (vielleicht verkürzt bringen).
Da wurde einer hinausgeworfen, der ohne hochzeitliches Gewand da war. Dieses Gewand trägst du schon seit der Taufe. Die Jungen und die Mädchen: Ihr braucht nicht
unbedingt äußerlich ein weißes Kleid anzuhaben. Aber warum soll es nicht auch ab und
zu äußerlich sichtbar werden? Aber auch die Jungen sollen daran denken: Wir alle sind
zur Hochzeit mit Jesus gerufen; und die Feier der Kommunion war ein kleiner Vorge-
schmack auf das richtige Hochzeitsmahl mit Christus.

40. Das Brot essen
   (eine Ähre, eine Schnitte Brot, eine Brothostie)

(Der Prediger nimmt die Ähre.) Du weißt, wie es geht. Zuerst stirbt das einzelne Weizenkorn. Die Ähre wächst und bringt Frucht. Die Frucht wird herausgeschlagen, gemahlen,
ich bekomme Mehl, ich kann Brot backen.
Ich habe nur *eine Schnitte* Brot mitgebracht, weil das damals so ähnlich aussah, als Jesus
lebte. Da nahm man Mehl und Wasser, vermengte das, legte es auf ein Blech, und über
dem Feuer wurde ein Fladen, eine Art Pfannkuchen, gebacken. So ein Fladen Brot wird Jesus zerrissen haben, um einzelne Teile im Abendmahlssaal den Jüngern zu geben: Nehmt
und eßt das. In den ersten Jahren wird es so auch sicher in den Kirchen gewesen sein. Aber
dann wurden die Massen immer größer. Ihr könnt euch ja denken, wieviel Brot hier liegen
müßte, um diesen 550 hier ein Stückchen Brot zu geben.
(Der Prediger nimmt die ungeweihte Hostie:) Deshalb kam man auf die Idee, kleine Brote
zu machen. Damit sie sich noch mehr unterscheiden von gewöhnlichem Brot, sind darauf Zeichen eingeprägt. Die könnt ihr natürlich aus der Entfernung nicht sehen: Da gibt
es einen Fisch; ein Kreuz, ein ✳, das Zeichen für Christus; und vieles mehr. Damit manche Jungen und Mädchen nicht meinen, es sei Eßpapier, gibt es in manchen Kirchen die
Brothostien. Die sind etwa dreimal so dick wie diese dünne Hostie, um zu zeigen: Du ißt

wirklich Brot. So wie du das Brot morgens ißt, um kräftig genug für den Tag zu sein, so mußt du dieses heilige Brot essen, um stark genug zu sein für die lange Wanderschaft zu Gott. Und jedesmal, wenn du hier bist, frage dich: Warum soll ich dieses Brot nicht essen, das mich mit Jesus und den anderen verbindet und das ich zur inneren Stärkung brauche, um das Gute zu versuchen; immer wieder auf dem langen Weg bis zu dem Punkt, wo ich Jesus wirklich in seiner Fülle begegne?

(Vgl. Lorenz u.a., *Von Gott will ich singen*, S. 89 ff: Alles vom Säen bis zum Brotbacken – sehr aufwendig!)

Evangelium: Der Einsetzungsbericht im Abendmahlssaal.

41. Aus dem Kelch trinken
(eine schöne große Weintraube und eine Flasche Wein)

Wo wachsen diese Weintrauben . . .? Besonders auch in warmen Ländern um das Mittelmeer.

Hier habe ich auch noch eine Flasche Wein. Steht die Weintraube mit der Flasche Wein irgendwie in Verbindung . . .? Ja, da ist etwas geschehen: Ich kann viele Weintrauben essen, aber wenn ich viel aus der Flasche trinke, dann werde ich „selig". Vielleicht fange ich an zu singen, jedenfalls bin ich lustig.

In heißen Ländern trinken die Menschen nicht Wasser, um den Durst zu stillen, sondern Wein. Damit sie allerdings noch arbeiten können, vermischen sie den Wein mit etwas Wasser.

Damit du leben kannst, hast du Wasser und Brot nötig. Darum sagen wir zu den Gefängnissen: Dort lebt man bei Wasser und Brot. Obwohl es den Gefangenen ja heute besser geht. In den heißen Ländern um das Mittelmeer herum müßte man sagen: Sie leben von Brot und Wein.

Deshalb hat Jesus auch nicht das Wasser genommen, sondern den Wein, als er die Zeichen einsetzte, mit denen wir mit ihm in Verbindung bleiben. Das Brot zum Essen und der Wein zum Trinken ist die Stärkung für unser Leben mit Gott. So müßten wir eigentlich bei der heiligen Kommunion nicht nur Brot essen, sondern auch den Wein trinken. Bei manchen Anlässen ist das auch so, z.B. bei einer Hochzeit. Da trinken Braut und Bräutigam auch den verwandelten Wein aus dem Kelch. So war das auch im Anfang, als die Gemeinschaft der Kirche noch sehr klein war. Aber ganz einfache Gründe haben dann dazu geführt, daß wir nur unter der einen Gestalt des Brotes kommunizieren. Diese Gründe kannst du dir vielleicht denken . . . Es waren hygienische Gründe: „Ich trinke nicht aus einem Kelch, aus dem schon dieser Bettler da, der mit der Krankheit, und aus dem schon Hunderte getrunken haben." Auch dauerte es viel zu lange. Und *wo* soll der Wein bleiben, der verwandelte Wein, das Blut Christi, das übrig bleibt? Das verwandelte Brot ist leicht im Tabernakel aufzubewahren.

Ich wünsche euch, daß ihr in einer kleinen Gemeinschaft das Kommunizieren unter beiden Gestalten von Brot und Wein einmal erlebt. Vielleicht ahnt ihr dann etwas mehr noch die Freude, Jesus ganz nahe zu sein und Kraft zu haben für die Arbeit draußen in Beruf und Schule. (Siehe auch: Heiserer, *Gottesdienst-Modelle*, S. 113 ff: Sakrament des Alltags)

Evangelium: Einsetzungsbericht im Abendmahlssaal. Vielleicht auch Johannes 2,1–11
(Die Hochzeit in Kana; nach Steinwede, *Zu erzählen deine Herrlichkeit*, S. 78–81).

Zeichenpredigten für den Verkehrssonntag

42. Du sollst nicht gefährden!
(ein Fahrrad, an dem Schelle und Handbremse fehlen)

Ein Fahrrad in der Kirche!? Das gehört doch auf die Straße.
So einfach ist das nicht! Es gibt Jungen und Mädchen, oft auch Erwachsene, die meinen: Christ ist man nur die eine Stunde sonntags. Aber wenn diese Kirchentür hinter euch ins Schloß fällt, dann fängt das Christentum erst an! Draußen sollst du zeigen, daß hier etwas in dir vorgegangen ist. Du mußt verantwortungsbewußter sein als andere; hilfsbereiter . . . Nur damit kannst du andere nachdenklicher machen, vielleicht sogar überzeugen.
Das fünfte Gebot lautet: Du sollst nicht töten. Und du denkst, nein, so etwas habe ich nie vor . . .! Aber wie schnell ist das geschehen. Schaut euch dieses Fahrrad an: Wieso kann ich mit diesem Fahrrad töten . . . oder verletzen . . .? Was fehlt alles an diesem Fahrrad? (Es kann natürlich noch mehr an diesem Fahrrad fehlen: Rücklicht, Lampe, Pedal-Rücklicht . . .) Wie schnell hast du im Straßenverkehr andere gefährdet! Und in dem Moment, wenn du auf ein solches defektes Fahrrad steigst, hast du eigentlich schon den Fehler begangen. Nicht erst, wenn Furchtbares passiert! Weil du z. B. ohne gute Handbremse nicht schnell genug stehst, will dich ein Autofahrer nicht gefährden, weicht aus, kommt aus der Spur und fährt ein Kind auf dem Bürgersteig tot. – Es ist deine Schuld!
Das sind eigentlich die modernen Sünden heute, die ich selten in einer Beichte höre: Als die Ampel rot zeigte, bin ich doch über die Straße gegangen . . . Ihr könnt mir sicher noch mehr Dinge sagen, derer man sich anklagen müßte . . .?
Lesung: Stellen aus den Zehn Geboten.

43. Der Christ im Straßenverkehr

(ein abgefahrener Autoreifen oder ein abgefahrener Fahrradreifen)

Was liegt hier . . .? Komm du einmal näher, schau dir diesen Reifen an und sage mir, was du feststellst . . . Ja, der Reifen hat kein Profil mehr. Wieviel Millimeter muß denn ein solcher Reifen noch Profil haben, wenn ich ihn benutzen darf . . .?

Wieso habe ich einen solchen Reifen mitgebracht? Was hat denn so ein Reifen mit „Kirche" zu tun . . .?

Weil ich also mit einem solchen Reifen andere gefährden kann, darf ich – zumal als Christ – mich gar nicht an das Steuer setzen und mit einem solchen Auto fahren. Wenn ich gar nicht an meinem Auto nachschaue oder an meinem Fahrrad, dann liegt *da* schon die Schuld. Die Tränen nach einem Unfall nützen nicht viel. Die Verantwortung und auch die Sünde fangen in dem Moment an, wo ich ein solches Auto oder Fahrrad akzeptiere. Genauso, wenn ich leicht angesäuselt bin und mich ans Steuer setze: dann liegt *da* die Schuld. (Wenn es zum Unfall kommt, kann ich natürlich sagen, ich bin deshalb nicht ganz verantwortlich, weil ich nicht mehr so klar da war.)

Manche haben eine Plakette im Auto . . . Kannst du mir sagen, welchen Heiligen eine solche Plakette darstellt? (Den heiligen Christophorus, den Patron der Autofahrer.) Aber bei 120 steigt der heilige Christophorus aus! Was heißt das . . .? Ja, wir können uns nicht blind auf die Hilfe Gottes verlassen; zuerst müssen wir eigene Verantwortung zeigen und dann kommt der Schutz Gottes hinzu. Eine solche Plakette muß dir also sagen: Ich als Christ habe noch mehr Verantwortung als andere. Mein Verhalten muß noch vorbildlicher sein als bei anderen.

Evangelium: Ausschnitt aus den Zehn Geboten.

In dieser Form kann ich natürlich noch weiter gehen, z.B.: Heute habe ich euch einen Polizisten mitgebracht . . ., der uns etwas zu dem Verhalten im Verkehr sagen will. (Und wieso darf am Verkehrssonntag *in* der Kirche ein solcher Mann uns etwas sagen?)

(Vgl. auch Kugler/Lindner, *Neue Familiengottesdienste*, S. 164: So soll den Kindern die Scheu vor Polizisten genommen werden)

Sollte ich einen zertrümmerten Kotflügel mitbringen oder ein zerdeppertes Fahrrad, dann setze ich natürlich mit der Frage an: Wie kann es dazu kommen . . .?

44. S O S !

(eine SOS-Plakette)

(Hier müßte schon am Sonntag vorher verkündet worden sein, daß alle Kinder ihr Fahrrad mitbringen, vielleicht die Autofahrer auch ihr Auto, und daß sie SOS-Plaketten erwerben können. Nach der Messe findet eine Auto- bzw. Fahrradsegnung statt. Es ist natürlich genau herauszustellen, was ein solcher Segen über tote Gegenstände sagen soll:

Wir als Christen haben in der Benutzung dieser Gegenstände mehr Verantwortung zu zeigen. Und wir erflehen Gottes Segen zu unserem guten Willen hinzu. Das befreit uns nicht von Sorge. Es gibt also keine automatische Sicherung, daß wir gegen alles Unglück gefeit sind.)

Habt ihr so eine Plakette schon einmal gesehen . . .? Was bedeutet sie? Was tust du also, wenn du bei einem Unfall eine solche Plakette siehst? (Erklären, was Pater Leppich mit dieser Aktion wollte . . .) Nach der Messe könnt ihr eine solche Plakette erwerben. Eure Fahrräder, eure Autos werden gesegnet . . . Es soll euer Gewissen im Straßenverkehr geschärft werden, daß ihr Verkehrsteilnehmer seid, die mehr Verantwortung und Verständnis zeigen. Diese Plakette verpflichtet!

Evangelium: Ausschnitte aus den Zehn Geboten.

Andere Ideen

1. Kugler/Lindner, *Neue Familiengottesdienste*, bringen S. 160–166 sehr gute Hinweise zu diesem Thema bis hin zur Aufzählung der vom ADAC empfohlenen Literatur. „Es geht natürlich weniger um Verkehrserziehung um jeden Preis als darum, die Verantwortung von Christen für ihre Kinder und für ihre Mitmenschen im Verkehr deutlich zu machen" (aaO. S. 165 oben).

2. *Thema:* Achte den anderen! – Das Verkehrszeichen „Achtung" (gemalt oder echt) = es gibt auch Zeichen von Gott, die das Miteinander unter den Menschen regeln sollen wie z.B. „nicht stehlen" oder „nicht lügen". Dazu paßt auch das 5. Gebot: „Kümmere dich auf der Straße um den anderen . . . Unser Nächster ist in unsere Hand gegeben, wenn ich am Steuer sitze . . . Du mußt lernen, was es heißt, Verantwortung von Gott für diese Welt zu übernehmen. Gottes Wille ist, daß alle sicher leben. Aber auch, wenn wir uns nicht normgemäß verhalten haben und an Menschen schuldig geworden sind: Er läßt uns nicht fallen . . ." Siehe Kugler/Lindner, *Neue Familiengottesdienste*, S. 163.

3. *Thema:* Verkehrssicherheit. – Ein Krankentransportwagen des Krankenhauses steht in der Kirche. Der Chauffeur und die Krankenpfleger erklären . . . Es ist auch ein „gemütlicher" Oberwachtmeister eingeladen. So berichtet aus Roermond in Seidel/Zils, *Werkbuch*, S. 70.

4. *Thema:* Mensch, ärgere dich nicht! Siehe Zeichenpredigt Nr. 78.

5. Folgende Zeichenpredigt verdient natürlich nur in weiterem Sinne unter „Verkehrssonntag" eingeordnet zu sein: *Thema:* In einer Sackgasse. – Das Schild „Sackgasse" dient als Ausgangspunkt, Szenen zu erzählen oder zu spielen, in denen ein Geschehen in einer Sackgasse endet, z.B. Streit mit Freunden – keiner will sich vertragen; Krach mit den Eltern – du bleibst bockig und frech; du bist faul in der Schule – bald kommst du nicht mehr mit. Auch auf internationaler Ebene sind genügend Sackgassen: Nordirland . . . arme und reiche Welt . . . (Exodus 32: „Das goldene Kalb" zeigt ein Volk in der Sackgasse.) Vgl. den Bußgottesdienst in Keller/Wagener, *Motivmessen für Kinder*, S. 221 ff.

Zeichenpredigten im Mai: Maria und Muttertag

45. Maria trägt Jesus
(eine Monstranz)

Ist das nicht ein herrliches Kunstwerk? Seht man die Verzierungen . . . Alles in Gold bzw. vergoldet . . . Aber: Alles Kostbare an dieser Monstranz wäre umsonst . . .! (Wenn der Mittelpunkt leer bliebe, das geweihte Brot: Jesus.) Dafür ist sie so kostbar gemacht worden, daß sie Jesus in der Mitte trägt. Darauf läuft alles hin. Das ist ihr ganzer Sinn: Jesus zu tragen.

Könnt ihr euch denken, was ich euch mit diesem Bild sagen will . . .? Ich suche eine Person, deren ganzes Trachten war: für Jesus dazusein. All ihre Wünsche hat sie hintangestellt . . . Ja, ich meine Maria. (Hier können Szenen aus der Bibel erzählt werden, in denen Maria sich immer wieder dem Willen Jesu untergeordnet hat. Und das, was sie nicht verstanden hat, „erwog sie in ihrem Herzen".)

(Ähnliche Gedanken unter dem Zeichen „Leuchter und Kerze", s. Hoffsümmer, *Wir freuen uns*, S. 48 f)

Evangelium: einen biblischen Bericht, in dem Maria vorkommt.

Vielleicht kann auch folgender Text vorgelesen werden (in einer Andacht oder als Glaubensbekenntnis):

Priester:	Über Maria, die Mutter von Jesus, steht viel in der Bibel geschrieben.
1. Kind:	Zuerst hören wir von ihr, wie sie sehr erschrocken ist. Sie ist noch ein ganz junges Mädchen. Der Engel Gabriel sagt ihr: „Du sollst einen Sohn von Gott bekommen!"
2. Kind:	Das hat Maria nicht verstanden. Aber sie sagt: „Dein Wille soll geschehen!" – Das hat sie noch oft in ihrem Leben gesagt.
3. Kind:	Dann kam die schwere Zeit in Bethlehem. Erst der lange Marsch. Dann kein Quartier. –
1. Kind:	Sie nennt ihren Sohn Jesus. Wie es der Engel gesagt hatte.
2. Kind:	Ob Jesus anders als andere Kinder aufgewachsen ist, wird nirgends gesagt. Wir hören erst wieder von Jesus, als er 12 Jahre alt ist.
3. Kind:	Wieder bringt er Maria zum Staunen. Drei Tage lang hat sie ihn in der Stadt Jerusalem mit bangem Herzen gesucht. Und sie ist sicher wütend auf ihren Sohn.
1. Kind:	Aber Jesus sagt: „Ich gehöre doch zu meinem richtigen Vater. Hier im Tempel bin ich ganz nahe bei meinem Vater im Himmel."
Priester:	Das hat Maria wieder nicht verstanden. Sie verstand auch sicher nicht, warum Jesus später nicht seinen Feinden aus dem Weg ging.
2. Kind:	Sie verstand auch nicht, warum Jesus so leiden mußte. Und schließ-

	lich am Kreuz starb.
3. Kind:	Ohne Hoffnung legte sie ihn ins Grab. Aber immer sagte sie: „Dein Wille, Vater im Himmel, soll geschehen!"
Priester:	Maria kannte aber auch schöne Stunden.
1. Kind:	Zum Beispiel: Als sie ihren neugeborenen Sohn in den Armen hielt.
2. Kind:	Wenn er als Kind herumsprang wie andere Kinder.
3. Kind:	Wenn Jesus einen Aussätzigen heilte.
1. Kind:	Oder den Lahmen gesund machte.
Priester:	Tote wieder zum Leben erweckte.
2. Kind:	Blinde wieder sehen konnten.
3. Kind:	Der schlechte Zöllner sich zum Guten änderte.
1. Kind:	Tausende von Männern und Frauen hinter Jesus herliefen.
Priester:	Am meisten aber hat sich Maria gefreut, als das Grab von Jesus leer war. Als sie ihren auferstandenen Sohn wiedersah. Als Jesus sagte: „Nur durch meinen Tod konnte ich die Menschen retten. Und jetzt bleibe ich immer bei euch in eurer Mitte."
2. Kind:	So hat Maria Freud und Leid erfahren. Darum ist sie Mutter für uns alle geworden.
3. Kind:	Denn auch wir erleben immer wieder Freude und Leid.
Priester:	Als Jesus am Kreuz hing, sagte er zu Johannes: „Da steht jetzt deine Mutter!" Und Johannes sorgte für sie.
1. Kind:	Heute würde Jesus zu uns sagen: „Seht da, eure Mutter. Sie ist für euch da!"
2. Kind:	Und wenn es einmal im Leben ganz schwer wird, sagen wir wie Maria: „Gott, dein Wille geschehe!"

46. Muttertag
(ein Blumenstrauß, den ein Junge überreichen will)

Ein Junge kommt mit einem Blumenstrauß nach vorne und zeigt ihn den Kindern. „Findet ihr den nicht schön? Heute ist Muttertag. Was meint ihr wohl, was ich mit dem vorhabe? . . . Ja richtig, ich will ihn meiner Mutter überreichen." (Er geht auf seine Mutter zu und will den Blumenstrauß überreichen.) Mutter: „Nein, ich will den Blumenstrauß nicht. Du würdest mir viel mehr Freude machen, wenn du mir nicht nur heute etwas schenkst, sondern mir deine Hilfe im ganzen Jahr zusagst. Ich habe auch meine Hobbys, meine eigenen Interessen. Aber dafür habe ich nie Zeit. Und darum will ich heute nicht mehr das gefeierte Lasttier der Familie sein. Du könntest mir einen viel schöneren Blumenstrauß überreichen. Erinnere dich: Vor zwei Jahren, da hast du mir ein Bündel Gutscheine überreicht. Weißt du noch? Darauf stand: Gehe dreimal ohne zu maulen einkau-

fen – mähe zweimal den Rasen – helfe viermal beim Abtrocknen . . . Ein solcher Blumenstrauß würde mich viel mehr freuen. Was meinst du?" Der Junge, etwas verlegen: „Ja, du
hast recht, ich wollte es mir zu einfach machen. Ich überlege mir den *anderen* Blumenstrauß." Zu den Kindern gewandt: „Aber was mach ich nun mit dem Blumenstrauß? Ist
hier eine Mutter in der Kirche, die auch an diesem Blumenstrauß Freude hat?" (Dabei
schaut er hilfesuchend durch die Kirche.) „Und die anderen Blumensträuße, liebe Jungen
und Mädchen, ob die auch bei *euch* drin sind?"

Wem die Zurückweisung durch die Mutter zu hart erscheint, der lasse die Mutter den Blumenstrauß annehmen und sprechen: „Gut, aber ein anderer Blumenstrauß wäre mir viel
lieber . . ." Dann braucht auch der Junge nicht so „hilfesuchend" zu schauen. – Oder
der Junge verteilt den Blumenstrauß an viele Mütter in der Kirche.

Evangelium: Johannes 19,26.27 (Jesus hatte auch eine Mutter. Er sorgt für sie)

    Jesus hängt am Kreuz. Er sieht seine Mutter dastehen und den Jünger, den er beson-
    ders liebt. Da sagt er zu seiner Mutter: „Nimm ihn für mich. Er soll jetzt dein Sohn
    sein. Er soll jetzt für dich sorgen." Und zu Johannes sagt er: „Nimm sie, als wäre sie
    deine Mutter, und sorge für sie." Von der Stunde an nahm der Jünger sie zu sich
    in sein Haus.

Andere Ideen

1. *Thema:* Muttertag. – 2 übergroße Spielkarten: Der 1. Joker zeigt ein großes rotes Herz, darunter
das Wort „herzensgut"; der 2. Joker hat ein ebenso großes schwarzes Herz, darunter das Wort „herzlos". Und noch ein großes Kissen (oder Zeichnung) mit der Aufschrift MA – RU 1314
zur Veranschaulichung einer Geschichte von Quadflieg, *50 Vorlesegeschichten*, Donauwörth 1972,
S. 15f, mit dem Inhalt: *„Mamas Ruhestunde von 13–14* Uhr": Das ist wenigstens der gute Vorsatz
der Kinder. Wer sich so verhält, der wählt den roten Joker. Wer immer den schwarzen setzt = zu selten wirklich Liebe zeigt, dessen Herz stirbt: Er wird „herzlos" (Johannes 13,4f). Ausführlicher: Blasig, *Sonntag für Kinder* 2, S. 85 ff.
2. *Thema:* Danke für die Blumen (Muttertag). – Eine Mutter kommt mit den Blumen, die ihr überreicht wurden, aber auch mit einem Traggestell, an dem viele Lasten hängen (Mutter = gefeiertes
Lasttier!). Sie bedankt sich für die Blumen, sagt aber auch, was ihr an dem Muttertag nicht gefällt . . .
im Sinne: Einer trage des anderen Last. Ausführlicher: Kugler/Lindner, *Neue Familiengottesdienste*,
S. 130 ff. Ähnlich: „Blumen genügen nicht" in *Arbeitskreis Kindergottesdienste Köln*, S. 12.
3. *Thema:* Was schenken wir der Mutter? Rätselraten um ein schön verpacktes Geschenk in Hoffsümmer, *Wir freuen uns*, S. 45 f.

Zeichenpredigt zum Fest Christi Himmelfahrt

47. Jesus ist überall
(ein Radio)

Wir wissen, Jesus ist unsichtbar mitten unter uns – nicht oben, nicht unten: hier. Viele sagen: Du bist verrückt, ich sehe doch nichts. Aber wir dürfen uns nicht verwirren lassen. Ich will euch das jetzt zeigen: kein Beweis, sondern ein Hinweis. Es ist zu einfach zu sagen: Ich kann nur an das glauben, was ich sehen und betasten kann. Hier seht ihr ein Beispiel:

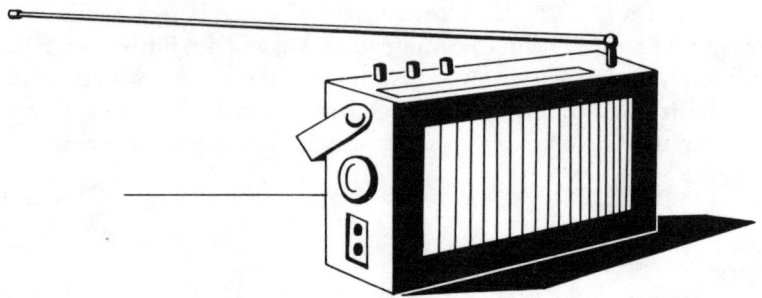

Wenn ich mit einem Menschen sprechen würde, der vor 200 Jahren gelebt hat, und ihm sagte: Hier in diesem Raum sind Musikwellen, dann würde er mich für verrückt erklären: „Ich sehe, höre, spüre doch nichts!" Ja, selbst hier in diesen dicken Betonwänden, da ist Musik. Dann würde ich triumphierend hier diese Taste drücken. Vielleicht etwas die richtige Wellenlänge suchen, aber dann habe ich sie gefunden: die Musik. Und bei schlechtem Empfang kann ich noch die Antenne ausziehen. – was will ich damit sagen . . .?
Es gibt selbst gelehrte Leute, die sagen: „Ich habe die ganze Welt durchforscht, Gott aber nirgends gefunden"; die am liebsten eine geweihte Hostie unter das Mikroskop legen würden.
Ich könnte noch ein Beispiel bringen: Ich behaupte, hier in diesem Raum sind Bilder . . . Und ich brauche nur einen Fernseher hier aufzustellen, die Antenne richtig einzustellen, und ihr seht: Tatsächlich; hier sind die Bilder sichtbar gemacht.
Und jetzt könnt ihr mich verstehen: Hier ist auch Jesus. Unsichtbar. Aber er ist da. Für das neue Leben Jesu haben die meisten Menschen noch keine Antenne und nur schlechte Empfangsgeräte.
Wenn ich Jesus sichtbar machen würde, dann wäre es ja keine Zumutung mehr, an ihn zu glauben. Kein Ärgernis. Dann würden wir ja schauen. Dann hätten wir den Beweis. Aber wir sollen uns ja an diesem Glauben reiben. In dieser Zeit der Prüfung soll uns das Wort von Jesus genügen: „Ich bin bei euch. Und ich komme sichtbar wieder." Jesus hat an einer

anderen Stelle auch gesagt: „Wer meinen Worten nicht glaubt, der wird auch nicht überzeugt sein, wenn einer aus dem Jenseits sichtbar zu ihm kommt" (Lukas 16,31). Stell' dir
vor, heute abend würde dir Jesus erscheinen. Du wärst dir ganz sicher: Du hast ihn oder einen Verstorbenen gesehen. Zur Sicherheit hast du sogar mit ihm ein Stück Brot gegessen.
Am Morgen liegt die halbe Schnitte immer noch da. Aber wem würdest du das weiter-
erzählen können . . .? Man würde dich in eine Nervenheilanstalt bringen. *Jeder* müßte
praktisch eine solche Erscheinung bekommen. Aber dann, wie gesagt, brauchen wir nicht
mehr zu glauben, dann würden wir schon *schauen*.
Also: Laßt euch nicht durcheinanderbringen. Jesus ist mitten unter uns. Soll uns erst einer
das Gegenteil „beweisen"!
Evangelium: Lukas 11,1–4 (Schütze uns vor der Gefahr, an dir zu zweifeln!); oder (eine
  Zusammenstellung aus Mattäus, Lukas, Apostelgeschichte):
  Als Jesus Abschied von seinen Jüngern nehmen wollte, führte er sie hinaus auf den
  Ölberg. Er hob seine Hände und segnete sie. Er sagte: „Seht, ich bin bei euch alle
  Tage bis ans Ende der Welt!" Und plötzlich sahen sie ihn nicht mehr. Und siehe, da
  standen zwei Männer im weißen Gewand bei ihnen. Sie sprachen: „Ihr Männer . . .,
  dieser Jesus wird einmal sichtbar wiederkommen. Genauso wird er wiederkehren, wie
  ihr ihn habt weggehen sehen."

Andere Ideen

1. *Thema:* Wir wissen nur wenig. Oder: „Kein Auge hat es geschaut!" – Aus Pappe ist die Silhouette
eines Eisberges ausgeschnitten (die sieben Achtel unter dem Wasserspiegel nicht weglassen!). Der
Wasserspiegel wird durch einen Stab oder ein Band dargestellt, das von 2 Kindern waagrecht gehalten wird. – Unser Wissen ist so klein, daß wir es mit dem Achtel vergleichen können, das vom Eis-
berg aus dem Wasser herausschaut. Auch jeder große Wissenschaftler . . . kennt nur einen kleinen
Teil der ganzen Wirklichkeit. Und dahinter liegt sicher noch vieles, was wir überhaupt nicht wissen.
Und von der Zukunft, unserm Ziel, von der Wirklichkeit Gottes wissen wir (fast) nichts. So müssen
wir auch vom „Himmel" recht vorsichtig sprechen. (Ausführlicher: Blasig, *Sonntag für Kinder* 2, S. 97 ff)
2. *Thema:* Im Leid an Jesus festhalten. – Die beiden Seiten eines handgeknüpften Teppichs werden
gezeigt . . . Siehe Hoffsümmer, *Wir freuen uns*, S. 49 ff.

Zeichenpredigten zum Pfingstfest

48. Als Werkzeug in der Hand Gottes
(ein Stück grobes Eisen – und vielleicht einen Hammer)

Hier habe ich ein ganz grobes Stück Eisen (es kann eine Art großer Meißel sein): Ihr seht, es ist hart und spröde. (Der Prediger schlägt es einmal kräftig auf, damit die Kinder es auch hören.) Ihr könnt ruhig stundenlang mit dem Hammer draufschlagen: Es ist kaum zu verändern.

Es gibt aber eine Möglichkeit, es zu verändern: Man legt dieses Stück ins Feuer. Dann wird das Eisen rot, rotglühend, bis es butterweich wird. (Vielleicht habt ihr es einmal im Fernsehen oder in Wirklichkeit bei einem Schmied gesehen.) Und dann ist es leicht, es mit einem Hammer so zu bearbeiten, wie du es haben willst.

Habt ihr schon gemerkt, worauf ich hinaus will . . .? Was z.B. das Feuer bedeuten könnte? (Feuer, Pfingsten, Wirken des Heiligen Geistes, Feuerzungen.) Ja, das Feuer ist Sinnbild für den Heiligen Geist: Es erfaßt alles, es durchglüht alles.

Und wir sind das Eisen: Manchmal hart und so spröde. Wenn das Feuer des Heiligen Geistes uns erfaßt, dann kann – wenn ihr wollt, ist Gott Vater der Schmied –, dann kann uns Gott so formen, wie er uns haben will.

Es gibt aber einen Unterschied: Gott zwingt uns nicht. Wenn wir sagen: „Nein, ich will nicht erfaßt werden", dann läßt er uns in Ruhe. Dann bleiben wir allerdings auch kalt und spröde. Das ist die größte Gabe Gottes an uns: daß wir uns frei zum Guten oder zum Schlechten entscheiden können.

Wenn wir uns aber öffnen für den Heiligen Geist, dann erfaßt er uns. Gott formt uns dann zu einem Werkzeug, das diese Welt schöner machen kann.

Evangelium: von Pfingsten.

49. Sich für Gott verzehren – sich von Gott erfassen lassen
(Weihrauchfaß, eine glühende Kohle, eine noch nicht glühende Kohle, Schiffchen mit Weihrauchkörnern)

(Der Prediger nimmt die schwarze, noch nicht entzündete Kohle.) Solch eine Kohle liegt im Weihrauchfaß . . . Sie ist schwarz, kalt. Wenn ich sie übers Feuer halte, entzündet sie sich, bis alles in ihr nur noch glühende Kohle ist. Das habt ihr ja auch schon gesehen, wenn ihr auf eurem Balkon oder im Freien mit Holzkohle grillen wollt . . .

Hier im Schiffchen, das sind Weihrauchkörner. Sie gewinnt man aus dem Harz von bestimmten kostbaren Bäumen. Was will ich euch damit zeigen? Im Weihrauchfaß habe ich eine glühende Kohle. Alles, was ich auf diese glühende Kohle lege, wird von ihr, vom

Feuer, verzehrt. Die glühende Kohle ist ein Zeichen für Gottes Geist, für das Feuer des Heiligen Geistes, das auch alles verzehren will. Die Weihrauchkörner: Das bist du oder ich. Wenn du dich von Gottes Geist erfassen läßt, wenn wir uns darauf einlassen, von dieser glühenden Kohle erfaßt zu werden, vom Wirken des Heiligen Geistes: Dann geschieht etwas. Es geschieht aber nur dann etwas, wenn wir wirklich mit diesem Feuer in Berührung kommen. – Wenn wir uns nicht darauf einlassen, wenn wir daneben fallen, geschieht gar nichts: Du bleibst kalt, und die Kohle glüht an dir vorüber. Jetzt habe ich hier auf dem Löffelchen – sagen wir die Leute, die Christen von der Stettiner Straße. Ich hoffe, daß sie sich alle von Gottes Geist erfassen lassen wollen, durchglühen lassen wollen vom Heiligen Geist. Und jetzt seht zu, was geschieht (der Prediger schüttet das Löffelchen mit den Weihrauchkörnern über die glühende Kohle. Es steigt Weihrauchduft, Weihrauch empor): Das geschieht, wenn wir von Gottes Geist erfaßt werden. Ein Wohlgeruch verbreitet sich, d.h.: Wir tun Gutes, wir bringen Freude und Frieden.

Als *Lesung* eignet sich sehr gut das Sprechspiel über Apostelgeschichte 2 in Knackstedt u.a., *Meßfeiern mit Kindern*, S. 105 f.

50. Der Heilige Geist treibt uns voran
(ein Bastler-Segelschiff)

Wo könnt ihr solche Segelschiffe (mit einfacheren Segeln) sehen? Am Unterbacher See . . . Ist das nicht immer wieder ein schönes Bild für's Auge? Was passiert bei flauem Wind . . . und bei Windstille? Ja, dann kann sich das Schiff nicht fortbewegen; die schönsten Segel nützen nichts. Auf einem sehr großen See oder dem Meer wärst du dann hilflos.

Schon die ältesten weisen Männer der Kirche, die Kirchenväter, haben dieses Bild des Segelschiffes genommen und gesagt: Der einzelne sitzt in seinem Leben so wie in einem Schiff, im Lebensschiff. Wir brauchen den nötigen Wind in den Segeln, um das Meer des Lebens zu überbrücken und den fernen Hafen in Gott zu finden. Und der Atem des Heiligen Geistes, der Sturm, von dem ihr heute in der Lesung gehört habt, der treibt uns voran. Allerdings sind wir ihm nicht „ausgeliefert": Wir können die Segel auch einziehen (= uns nicht mehr von Gottes Geist treiben lassen wollen), dann kommen wir aber auch kaum voran (in Gottes Augen!). Und selbst, wenn wir die Segel gesetzt haben, müssen wir noch mitwirken: Wir fragen nach der richtigen Richtung und versuchen, das Schiff richtig zu steuern.

Im Mast und in dieser Querstange für die Segel kannst du ein Kreuz erkennen = nur mit Christus überwinden wir den Abgrund der wilden Wasser.

(Einige von den Mädchen haben vielleicht schon einen kleinen Anker als Schmuckstück am Hals getragen. Auch dieses Zeichen geht auf das Lebensschiff zurück: Den Anker in den Grund gesenkt, hält er das Schiff mitten im Meer fest = Zeichen der Hoffnung, in einem Orkan, einem „bösen" Sturm – Gegenprinzip des Bösen! –, nicht an einer Klippe zu zerschellen.)

Manche Kirchenväter haben dieses Bild des Schiffes sogar auf die ganze Kirche hin gedeutet: Dann fahren wir alle als Mannschaft im großen Schiff der Kirche dem „ewigen" Hafen entgegen. Dieser Gedanke ist euch auch nicht unbekannt, denn wir haben ja schon oft das Lied gesungen: „Ein Schiff, das sich Gemeinde nennt, fährt durch das Meer der Zeit . . ." (Martin G. Schneider in Blarr u.a., *Neue geistliche Lieder*, S. 10 f)
(Vgl. zum Ganzen das Bild im *Katholischen Katechismus der Bistümer Deutschlands*, Düsseldorf 1960, S. 76. Auch Forstner, *Welt der Symbole*, S. 594 ff)
Evangelium: Apostelgeschichte 2 (Lesung von Pfingsten).

51. Der Atem des Geistes Gottes
   (ein schmutziges Stück Glasscheibe)

Wie kann ich diese Scheibe saubermachen . . .? Hauchen und reiben. Im Hauch ist Feuchtigkeit und Wärme. Besser ist es noch zu sehen bei einer Scheibe, auf die der Frost nachts die Feuchtigkeit hat zu Eisblumen gefrieren lassen: Der warme Atem, der jetzt das Eis auftaut und die Scheibe wieder durchsichtig macht, ist mit dem Heiligen Geist vergleichbar = dem Atem Gottes: Der Heilige Geist soll „wärmen, was erkaltet ist", wie es in einem alten Lied heißt. Und wieviele Eispanzer um die Herzen (= Verbitterung, Enttäuschung, innere Distanz, Kälte, Eigenliebe . . .) sind aufzutauen! Vielleicht will Gottes Geist gerade durch uns den versöhnenden wärmenden Atem (= Verständnis, Anerkennung, Lob, Hilfsbereitschaft) in einen Menschen hauchen.
Ihr kennt sogar eine besonders intensive Art des „Anhauchens" von Menschen . . . Welche Methode soll heute bei einem Ertrunkenen oder vom elektrischen Strom Getroffenen angewandt werden . . .? Die „Mund-zu-Mund-Beatmung" (vgl. Schöpfungsbericht). Dann bläst du wortwörtlich den Lebensatem in den anderen Menschen hinein . . .
Scheiben sind zum Durchsehen da! Laßt uns möglichst viele Eisblumen und was sonst die Scheibe undurchsichtig macht, weghauchen, damit wir bei unseren Mitmenschen „durchschauen" können; nämlich die Klarheit, Aufrichtigkeit und Einfachheit erreichen, die wir uns so wünschen.
(Nach einer Idee meines Pfarrers A. Hopmann)
Evangelium: Johannes 20,19–22 (Da hauchte der sie an . . .); s. auch Steinwede, *Zu erzählen deine Herrlichkeit*, S. 107 ff.

52. Das Feuer des Heiligen Geistes
   (einige Kerzen, die während des Sprechspiels entzündet werden)

Lesung: Apostelgeschichte 2 (Pfingstlesung).
In der Pfingstlesung hast du gehört: Wie mit Feuerzungen ist Gottes Geist auf die Jünger

oder besser in die Jünger gekommen: Sie hatten keine Angst mehr, jetzt waren sie begeistert, oder, um im Bild zu bleiben: Sie waren Feuer und Flamme für Jesus, sie hatten „Feuer gefangen". Schon diese Wortspiele zeigen dir: Es war kein äußerlich sichtbares Feuer.

Die Kinder, die jetzt ihre Kerzen an den Altarkerzen entzünden, haben über das „Feuer", das die Wirkweise des Geistes Gottes umschreibt, lange nachgedacht. Hör gut zu, ob du jetzt noch mehr vom Wirken des Geistes Gottes erfahren kannst.

(Jetzt entzündet jedes Kind sein Licht, sagt den entsprechenden Satz auf und stellt dann die brennende Kerze in einen Kerzenhalter neben das Kreuz. Unter den folgenden zwölf Vorschlägen unbedingt *auswählen*; alles zu bringen wäre für den Hörer eine Wort-entwertung! Auch hier wird wieder ein Prinzip des Familiengottesdienstes klar: Manche Texte dürfen ruhig nur für Erwachsene und ältere Jugendliche bestimmt sein, *wenn* Auge und Ohr der jüngeren Kinder beschäftigt sind.)

1: Wir zünden dieses Licht an als Zeichen für das Feuer des Heiligen Geistes.
   Das Licht möge aus unseren Herzen alle Angst verscheuchen.
   Es mache aus uns wieder Begeisterte für die Sache Jesu.

2: Wir zünden dieses Licht an als Zeichen für die verzehrende Kraft des Heiligen Geistes.
   Es schmelze den Eispanzer um die Herzen aller Menschen, die durch schlechte Erfahrungen verbittert sind.
   Wir bitten dich für alle, die wir nicht ertragen können.
   Und nicht verstehen wollen.

3: Wir zünden dieses Licht an als Zeichen für den heißen Atem Gottes.
   Wir bitten für alle Geistig-Gestörten und Gequälten.
   Er gebe einen neuen Lebenssinn all denen, die sich das Leben nehmen wollen.

4: Wir zünden dieses Licht an als Zeichen für das Licht Gottes.
   Es kann die Welt heller machen.
   Es kann alles Böse und Häßliche durchsichtig machen.

5: Wir zünden dieses Licht an als Zeichen für das Feuer Gottes.
   Es ist mit Wasser nicht zu löschen.
   Wir bitten dich um Vergebung für das Leid, das wir einander antun.

6: Wir zünden dieses Licht an als Zeichen für die Glut Gottes.
   Sie reinigt von allen Schlacken des Bösen.
   Wir bitten dich: Lösche allen Haß aus unseren Herzen!

7: Wir zünden dieses Licht an als Zeichen für das feurige Schwert des Geistes Gottes.
Er will keinen faulen Frieden, der zu allem Unrecht schweigt.
Wir bitten dich für alle Eheleute, die getrennt leben.
Und für alle Priester, die zusammengebrochen sind unter der Last ihres Amtes.

8: Wir zünden dieses Licht an als Zeichen der Hoffnung auf Gottes Geist.
Nur er kann die Welt wirklich verändern.
Wir bitten dich für alle, die den Glauben an dich und das Gute verloren haben.
Oder darum kämpfen.

9: Wir zünden dieses Licht an als Zeichen des Trostes durch Gottes Geist.
Alle Verlassenen und Abgeschriebenen sind angesprochen.
Wir bitten dich für alle, denen niemand zuhört.
Und die keiner Freundschaft begegnen.

10: Wir zünden dieses Licht an als Zeichen der Liebe Gottes.
Diese Liebe kann alle Menschen zusammenführen.
Wir bitten für alle, die kein Dach über dem Kopf haben.
Für alle, die sich verraten und verlassen fühlen.

11: Wir zünden dieses Licht an als Zeichen des Glaubens an den Geist Gottes.
Er allein überwindet den Tod.
Wir bitten für alle, die einsam sterben – ohne Hoffnung auf ein Leben nach dem Tod.

12: Wir zünden dieses Licht an als Zeichen für die Freiheit durch Gottes Geist.
Nach Freiheit schreien alle Unterdrückten.
Wir bitten dich für alle Verzweifelten, die keinen Ausweg wissen.

Andere Ideen

1. *Thema:* Der Geist ist eine Kraft (Gottesdienst mit jüngeren Kindern). – Die Luft ist ein Geheimnis. Sie ist nicht zu sehen und zu packen, sie ist eine Kraft (= Atem), die wir zum Leben brauchen. Wenn ich diese Luft aus diesem aufgeblasenen Luftballon gegen die Segel dieses Schiffchens (das in einem Kinderplantschbecken schwimmt) herauslasse, wird es angetrieben. Als Sturm hat die Luft sogar furchterregende Kraft. – So ist auch der Heilige Geist ein Geheimnis. Wir können ihn nicht sehen, aber die Wirkung spüren: Sein geheimnisvoller Sturm, seine Kraft machte die Jünger zu ganz neuen, von Jesus begeisterten Menschen . . . (Ausführlicher: Lorenz u.a., *Von Gott will ich singen*, S. 83 ff)
2. *Thema:* Der *Geist* Gottes. – Dieses schöne Buch hier besteht aus . . .Gramm Papier, Deckel, Rük-

ken; über die. . .Seiten sind etwa 3 Gramm Druckerschwärze verteilt, aber ist damit das Buch richtig beschrieben? Nein, vom Inhalt wurde nichts gesagt, den man nicht messen und wägen kann. Der Inhalt ist der „Geist" dieses Buches. Ähnlich kann eine Fußballmannschaft einen guten oder schlechten Kampf*geist* haben (auch diesen „Geist" kannst du nicht sehen; du merkst ihn aber, wenn diese Mannschaft spielt). Welcher Geist steckt in dieser Gemeinde-„Mannschaft" hier? Wirkt er noch be*geist*ernd auf unsere Umwelt. . .? (Ausführlicher: Blasig, *Sonntag für Kinder* 2, S. 109 ff)

3. *Thema:* Der Geist Gottes wirkt nicht automatisch! – Diese Gitarre hier, wenn du sie besitzt, macht dich nicht schon zum Musiker. Noch vieles ist notwendig. . . Der Geist Gottes = die Kraft Gottes hat uns die Kraft zum Guten gegeben, damit die Welt besser wird, *wenn* wir bereit sind, mitzuwirken. (Ausführlicher: Schulz, *Katechese*, S. 98)

4. *Thema:* Der Geist, der Feuer und Liebe ist. – Im Altarraum brennt auf einem hohen Leuchter die ganze Feier über eine helleuchtende Gasflamme. Pantomimisch geht eine Gruppe lahm und lustlos herum (= Langeweile, Trägheit, Überdruß), sie laufen und sehen aneinander vorbei. Plötzlich entdeckt einer verwundert das Feuer; er wärmt sich daran. . .langsam lockt er noch andere um die Flamme. . .bis alle sich wärmen, sich begeistern, voll Freude tanzen. . .(Berichtet aus Roermond, in Seidel/Zils, *Werkbuch*, S. 66)

5. *Thema:* Die Antwort leben. – Ein Lederball, der zu wenig Luft enthält. (Meditation) Wir sind manchmal wie so ein Fußball: Wir werden getreten. . .man schießt uns ins Aus. . .oder treten *wir*? Spielen wir fair? Wen betrachten wir als „Spielball"? – Der Ball wird zu Boden geworfen: Seht ihr, es ist zu wenig Luft darin (= zu lau, ohne „Mumm"). Er sieht zwar äußerlich schön aus, aber damit würde kein Schiedsrichter ein Spiel anpfeifen. Ob mit uns etwas anzufangen ist, merken die anderen erst, wenn sie sich mit uns beschäftigen. . .Das Wichtigste und Entscheidendste an dem Ball (= an uns) ist, daß er genügend innere Kraft hat. – Ein anderer, eine Kraft von außen muß den Ball (= uns) aufpumpen = der Geist Gottes, der Geist Christi (und keine Programme, Hirngespinste, Resolutionen. . .). Wenn wir so handeln, wie Christus es von uns will, sind wir brauchbar; das heißt: mitleiden, Frieden stiften, ein offenes Ohr haben für innere und äußere Not. . .Das bedeutet: die Antwort leben. Aber nur dann, wenn wir uns vom Geist Christi erfüllen lassen; wenn wir aufgepumpt sind mit der Liebe Christi. (Ausführlicher: Konstroffer, *Die Antwort leben*, S. 59 ff)

6. *Thema:* Neue Energie aus der Luft. – Im Altarraum ist eine Windmühle aufgebaut. Wenn wir alle uns vom frischen Wind bewegen ließen. . . (Ausführlicher: Willms, *Aus der Luft gegriffen*, S. 110 ff)

7. *Thema:* Strom des Lichtes, Feuersglut. Eine schwarze kalte Kohle (= Bild des Menschen ohne Geist. Die Kinder spielen pantomimisch in den Bänken, wie manche Menschen sind: traurig, müde, faul, schläfrig) und eine glühende Kohle (= der aufmerksame, interessierte Mensch) im Gegensatz. Mit der glühenden Kohle geht der Priester durch die Kirche und bläst die Funken in die verschiedensten Richtungen. Unaufgefordert werden die Kinder plötzlich zu aufmerksamen Beobachtern. Über diese Reaktion sprechen! – Es folgen Beispiele, wie die Kinder die Funken in der Woche weitersprühen lassen können. (Gerhard Dane in *Arbeitskreis Kindergottesdienste Köln*, S. 10)

Zeichenpredigten: Sonntage im Jahreskreis
I. Das Hauptgebot

53. Beten
(ein Telefon)

Ihr sollt mir sagen, über was ich sprechen will. Paßt auf: Ich spreche mit einem, den ich nicht sehen kann, von dem ich aber weiß, daß er da ist. (Ich spreche mit Gott = beten.) In diesem Punkt leiden wir ja oft: Wir meinen, es gebe kein Gegenüber. Manche geben es darum auf, „es hat ja doch keinen Zweck!" Aber unsichtbar uns gegenüber ist überall Gott. Ich kann jederzeit mit ihm sprechen.

Paßt genau auf, ob ich etwas falsch mache: (Der Prediger nimmt den Hörer einfach ab und spricht in die Muschel . . .) Ich muß zuerst wählen, die Verbindung herstellen. Habe ich Fernsehen geguckt und gehe müde ins Bett, bin ich fast sofort eingeschlafen. Oder in der Kirche: Ich laufe zur Beichte, aha, da ist noch frei, und schwupp in den Beichtstuhl. Da kann nicht viel daraus werden. Nein, ich muß zuerst ruhig werden, mich fragen: Was habe ich jetzt vor? Mir bewußt werden: Jetzt ist Gott bei mir, ich möchte mit ihm sprechen. Dann erst kann ich das Gespräch beginnen.

Paßt wieder genau auf, was ich falsch mache. (Nachdem der Prediger gewählt hat, spricht er einfach zwei Minuten drauflos, ohne einen gedachten Gegenüber zu Wort kommen zu lassen.) Habt ihr etwas gemerkt? . . . Die andere Seite hatte keine Zeit, etwas zu sagen. Ich war zu laut.

Das heißt übertragen: Beim Beten auch Pausen machen. Stille um mich herum. Nicht nur pausenlos bitten. Vielleicht will Gott *mir* etwas sagen.

(Eine Wiederholung der *drei* Punkte ist angebracht, man kann auch noch mehr Vergleichspunkte suchen.)

(Vgl. Schulz, *Katechese*, S. 91; Stadelmann u.a., *Spiel oder Gottesdienst*, S. 48f – drei verschiedene Telefonanrufe –, und davon inspiriert: Blasig, *Sonntag für Kinder* 3, S. 25ff)
Evangelium: Lukas 18,1.7b.8

Jesus sagt: Es ist nötig, daß ihr betet, und zwar zu jeder Stunde, und darin nicht müde werdet! Gott wird denen zu ihrem Recht verhelfen, die er liebt und die zu ihm rufen Tag und Nacht. Auch, wenn seine Hilfe lange auf sich warten läßt. Er wird ihnen in Kürze helfen!

54. Bete und arbeite!
(ein oder zwei Ruder)

Ihr seid alle schon mit einem Ruderboot gefahren. Was passiert, wenn ich nur *ein* Ruder habe . . .? (Ich kreise in dem Boot.) (Man kann auch vorne auf dem Altarteppich oder in einem angedeuteten Boot ein Kind „rudern" lassen.)
Um zum Ziel zu kommen, brauche ich zwei Ruder. Ich nenne euch zwei Ruder, um zum Ziel zu kommen: Beten *und* arbeiten. Mit diesen beiden Rudern kann ich das Ziel des Lebens finden.
Wir kontrollieren, ob ihr mich verstanden habt. – Folgender Fall: Du befindest dich mit einem Freund im Ruderboot mitten im Sturm auf einem See. Welches Verhalten ist richtig: Nur zu rudern oder nur zu beten?
Ich sage euch nichts Neues mit „bete *und* arbeite". Das hat schon der heilige Benedikt vor Hunderten von Jahren seinen Mönchen gesagt: Betet und arbeitet. Nur so geht ihr richtig durchs Leben.
Evangelium: Hauptgebot
Habe Zeit für Gott *und* tue etwas für deinen Nächsten.

55. Gottes- und Nächstenliebe
(Rad ohne Nabe; Nabe ist die Mittelhülse des Rades, die die Speichen innen festhält)

Ihr seht, an diesem Rad fehlt etwas . . . Die Speichen haben zwar eine Richtung, sie sind auch auf der einen Seite fest, aber innen sind sie nicht verankert. Die Speichen sind innen zu locker.

Die äußere Felge des Rades soll die Nächstenliebe sein. Die Speichen sind die Werke, die aus dieser Nächstenliebe kommen. Die innere Nabe des Rades, die fehlt, wäre dann die Liebe zu Gott.
Wir treffen oft auf Menschen, die machen uns in der Nächstenliebe etwas vor. Sie sehen aber nie die Kirche von innen. Manchmal glauben sie auch nicht an Gott. Daß sie uns in

der Nächstenliebe etwas vormachen, ist für uns eine furchtbare Anklage.

Und doch glaube ich, etwas fehlt diesen Leuten. Ihren Werken der Nächstenliebe fehlt die letzte Ausrichtung, der letzte Sinn, weil sie nicht in der Liebe zu Gott verankert sind. Bei uns sollte es eigentlich anders sein. Und darum müßten *wir* unsere Nachbarn öfter viel nachdenklicher machen. (Vgl. Blasig, *Sonntag für Kinder* 3, S. 53 ff)

Evangelium: Gottes- *und* Nächstenliebe (nicht *nur* Nächstenliebe, nicht *nur* Gottesliebe, sondern: Gottes- *und* Nächstenliebe sind das richtige Maß an jedem Menschen.)

56. Gottes- und Nächstenliebe

(ein durchsichtiger Gummischlauch und rotgefärbtes Wasser)

Ich will euch das Geheimnis der kommunizierenden Röhren zeigen. Das ist ein Begriff aus der Physik. Es ist ganz einfach. (Der Prediger hält jetzt den Gummischlauch in U-Form, und ein Kind gießt für alle sichtbar an dem einen Schlauchende das rotgefärbte Wasser ein.) Interessant ist doch, daß, obwohl ich nur an einer Seite das Wasser eingieße, es an der anderen Seite genauso hoch steigt.

Was will ich euch damit sagen? Der eine Arm des Schlauches ist die Gottesliebe, der andere Arm die Nächstenliebe. Das heißt übersetzt, wenn einer überzeugend viel Nächstenliebe hat, dann hat er – vielleicht unbewußt – genauso viel Liebe zu Gott. Und umgekehrt, wer wirklich versucht, Gott zu lieben, hat auch genauso viel Liebe zum Nächsten. Wenn er sich bemüht, Gott noch mehr zu lieben, dann wird auch seine Liebe zu den Menschen, wenn seine Gottesliebe ehrlich ist, zunehmen. Und umgekehrt: Je mehr sich einer um die Menschen bekümmert, desto größer wird seine Liebe – vielleicht unbewußt – zu Gott. (Der Prediger gießt an der einen wie an der anderen Seite noch mal etwas von dem gefärbten Wasser nach.)

Wenn ich also einem Menschen begegne, der mir in der Nächstenliebe etwas vormacht, dann sollte ich immer ganz still werden und denken: Vielleicht hat der – unbewußt – noch viel mehr Liebe zu Gott als ich. Und umgekehrt: Wenn ich einem begegne aus einem sehr strengen Orden, der sich geschworen hat, ein Leben lang nur für Gott dazusein, auch dann soll ich ganz still werden und denken: Vielleicht hat der mehr Liebe zu den Menschen als ich.

(Nach einer unveröffentlichten Idee meines Mitbruders Lothar Schneider)

Evangelium: Hauptgebot: 1 Johannes 4,7–11 (Gott ist Liebe).

57. Gib die Liebe weiter

(zwei große Streichhölzer)

Die Streichhölzer erraten lassen. Dann: Das eine bist du oder ich; das andere irgendein anderer Mensch. Gott erwartet von uns, daß wir unsere Liebe *weitergeben*. Nehmen wir an, daß wir Liebe haben (ich zünde das Streichholz an; Liebe also = brennendes Streichholz), dann dürfen wir sie nicht für uns behalten, sondern müssen auf andere zugehen (brennendes Streichholz ganz in die Nähe des anderen Holzes bringen). Wir müssen uns lange mühen, ehe der andere annimmt (= zündet). Aber so wird die Welt heller. Daß viele Menschen sagen, „ich habe nichts Schlechtes getan", wird sie einmal anklagen, denn sie werden anders gefragt: „Hast du Gutes getan?"
(Dieses Beispiel ist so zu allgemein. Es ist nur im Prinzip gezeigt. Es gilt, einige Beispiele in aller Konkretheit zu erzählen und jedesmal die Stelle wieder zu zeigen, wo es dann zündet. – Bei zwei Beispielen werden also schon vier Streichhölzer gebraucht.)
Evangelium: Mattäus 25,31 ff (Gerichtsszene); oder Hauptgebot; oder Mattäus 5 (Ihr seid Licht für die Welt); oder Lukas 7,36–8,3 (Wenn wir viel geliebt haben, wird uns auch viel Schuld vergeben).

Andere Ideen

1. *Thema:* Gottes- und Nächstenliebe. – Aus einem Tischtuch werden Stücke herausgerissen: Sollen Eltern einem Kind einen eigenen Tisch decken, wenn es sich mit den Geschwistern so gezankt hat, daß es zwar mit den Eltern, aber nicht mehr mit dem Bruder oder der Schwester zusammen essen will? Oder sagen Eltern, wenn du den ausschließt, dann kannst du auch mit uns keine Gemeinschaft haben? – So gibt es Menschen, die nichts gegen Gott haben, wohl aber Streit mit Menschen. Und ein Zerreißen des „Tischtuches" mit anderen Menschen heißt eben auch das Zerreißen des Tischtuches mit Gott! Du kannst nur mit Gott Gemeinschaft haben, wenn dabei kein anderer Mensch ausgeschlossen wird. (Ausführlicher: Schulz, *Katechese*, S. 41 ff) (*Evangelium:* Mattäus 5,23.24; 5,43–47; 1 Johannes 4,20.21)
2. *Thema:* Gottes- und Nächstenliebe (Markus 12,28b–34) – Ein violettes (= Pilgerkleid; solange wir leben) und ein festlich-goldenes (= Festkleid, das wir nach der sichtbaren Begegnung mit Christus tragen) Meßgewand sollen die zwei „Kleider" der *einen* Liebe darstellen. . .(Ausführlicher: Blasig, *Sonntag für Kinder* 6, S. 91 ff)
3. Siehe auch Zeichenpredigt Nr. 107 (Schi); auch unter „Erntedank", Idee Nr. 2.

Im Jahreskreis – II. Christsein

58. Wir sind Werkzeuge in der Hand Gottes
(Hammer, Zange, Flöte, Schere, Taschenlampe, Pflaster)

Kinder kommen nach vorne und erklären die Werkzeuge; die Namen und was ich damit machen kann. Dann in Erarbeitung mit den Kindern herausfinden:

Pflaster: Wir sollen trösten, verbinden – nicht Wunden reißen.

Taschenlampe: Licht bringen, wo einer traurig ist.

Flöte (Musik): Für andere so angenehm sein wie schöne Musik.

Schere: Beseitigen, abschneiden an uns: „keine Lust", „Egoismus", „Launen" . . .

Zange: Überholtes, „war immer so" . . . herausziehen.

Hammer: Sich mehr gegen Ungerechtigkeiten gegenüber anderen wehren: zuschlagen.

Evangelium bzw. Lesung dazu in Auszügen:

Römer 12,9–21 z.B.: Das Böse sollt ihr verabscheuen. Am Guten euch festhalten. Freut euch mit denen, die sich freuen. Tragt mit am Leid derer, die betrübt sind. Bemüht euch, allen Menschen gegenüber gute und freundliche Gedanken zu haben. Es ist gut, wenn ihr mit allen Menschen in Frieden lebt, soweit es an euch liegt und soweit es irgend möglich ist. Siege über das Böse, indem du das Gute entgegenstellst.

Dazu eignen sich die Texte:

Ihr sollt Christi Füße sein heute in der Welt.

Spürt die vielen armen Menschen auf in ihrer Not!

Ihr sollt Christi Augen sein heute in der Welt.

Blickt hinter die Fassaden, wo das Unrecht schreit!

Ihr sollt Christi Hände sein heute in der Welt.

Greift fest zu und tut das Gute; das, was nötig ist.

Ihr sollt Christi Zeugen sein heute in der Welt.

Sagt, daß er der Retter ist für die Menschen alle! (Blarr u.a., *Neue geistliche Lieder* 1, S. 29)

Oder:

Mach uns zu einem Werkzeug deines Sohnes:

Laß uns Liebe bringen, wo einer haßt.

Laß uns verzeihen, wo uns einer Unrecht tut.

Laß uns Freude bringen, wo einer traurig ist.

Laß uns versuchen,

immer weniger an uns selbst zu denken.

Laß doch überall Frieden sein.

(Nach Franz v. Assisi; s. auch Schulz, *Katechese*, S. 40f)

59. Sich auf Jesus ausrichten
(Fernsehzimmerantenne)

Warum stehen auf den Häusern Antennen? (Die Antennen sind nach dem Sender ausgerichtet, damit wir das Fernsehbild klarer empfangen.) Bei einer solchen Zimmerantenne ist am besten zu merken, wie eine Antenne wirkt. Wenn du sie verschiebst, geht der Ton weg, es stellt sich „Schnee" ein, du hast keinen Empfang. Wenn du sie drehst und nach dem Sender ausrichtest, wird das Bild und der Ton wieder klarer.

Ihr könnt ruhig lachen: Wir sind die Fernsehapparate Gottes, d.h. an uns müssen die Menschen erkennen können, nach wem wir uns ausrichten. Wir müssen unseren Empfang ausrichten auf Christus. Unsere Antenne soll sich auf sein Wort und Leben ausrichten. Wenn wir uns auf Jesus wirklich ausrichten, dann würden wir ein klares Bild widerspiegeln, an dem die Menschen etwas von Gott sehen können.

Bei zu vielen kann man nur Schnee sehen, undeutliche Worte hören. Sollen wir es nicht wieder neu versuchen, unsere Antennen ganz auf Jesus auszurichten?

Evangelium: Mattäus 7,24–27 (Auf Jesus, den Felsen, bauen, sich nach Jesus ausrichten).

60. Jesus verlangt mehr!
(fünf schöne Blumen)

Evangelium: Lukas 14,25.26 (Von seinen Jüngern verlangt Jesus mehr).

Ihr seid noch viel schöner als diese schönen Blumen. Aber Gott sieht weiter: Ob wir vor ihm schön sind? Diese fünf Blumen sollen fünf Kinder sein.

a) Das ist Gaby. Sie hat ihrer Freundin Helga, die krank geworden ist, bei den Hausaufgaben geholfen; sie hat ihr die Langeweile überbrückt. Nun ist Helga gesund; sie spielt unten. Gaby will mitspielen, aber Helga sagt „nein"! Und dabei wäre es doch möglich gewesen. So undankbar ist Helga. Darüber ist Gaby böse. Sie will nicht mehr helfen, mit Helga sprechen. Und nie wieder verzeihen.

Gaby kann sich ruhig Christ nennen, aber weil sie auf eine schlechte Erfahrung hin so schnell aufgibt, ist sie kein Jünger Jesu. Jesus verlangt mehr. (Der Prediger wirft die Blume weg; ein hartes Zeichen für alle, die zusehen.)

b) Martin liegt im Bett. Er weiß, jetzt müßte er zur Kirche. Er ist müde, weil er gestern zu lange Fernsehen geguckt hat und der Vater sagt: „Laß den Jungen schlafen, wenn er müde ist." Die Mutter ist strenger. Und Martin weiß: So viele aus der Klasse gehen auch nicht. Darum dreht er sich herum.

Martin kann sich ruhig Christ nennen, er ist ja getauft. Aber er ist kein guter Jünger von Jesus. (Der Prediger wirft auch diese Blume fort.)

c) Das ist die Marlies. Sie ist krank. Zwei Tage schon. Sie ist sehr unzufrieden, weil sie noch

lange liegen muß. Sie ist wütend. Sie schimpft auf Gott: „Wie kannst du mir so was schicken, gerade mir?" Sie will das Kreuz nicht tragen, obwohl sie doch nichts ändern kann.
Sie kann sich ruhig Christ nennen – aber sie ist kein Jünger Jesu.
So ist je nach Anzahl der Blumen Beispiele zu suchen. Bei der letzten Blume geht es dann so:
d) Diese Blume, das bist du oder vielleicht auch ich. Sind wir nur von Lust und Laune bestimmt? Kurze Zeit lassen wir uns begeistern und laufen hinter Jesus her. Wenn er aber etwas verlangt, dann haben wir wenig Einsatz, wenig Ausdauer, wenig Geduld.
Ich will diese Blume nicht wegwerfen. Vielleicht nehmen wir uns vor, uns zu ändern, um wirkliche Jünger von Jesus zu werden.

61. Richte dein ganzes Leben auf das Reich Gottes aus!
(eine schöne Schatzkiste – vielleicht mit Inhalt oder einer schönen Perlenkette)

Stellt euch vor, ihr grabt mit euren Schaufeln an irgendeiner Stelle, wo ihr immer herumlauft, und ihr stoßt auf eine Schatzkiste . . . Was machst du dann? (In die Richtung lenken: Alles daransetzen, dieses Stück Land zu kaufen oder irgendwie auf ehrliche Weise in den Besitz des Schatzes zu kommen.)

Hört einmal zu, was darüber in der Bibel steht:
Evangelium: Mattäus 13,44
    Jesus sagt: Die Neue Welt, in die Gott euch ruft, das Himmelreich, ist kostbar wie ein Schatz. Ein Bauer stieß in dem Acker, auf dem er arbeitete, auf einen vergrabenen Schatz. Aber der Acker gehörte ihm nicht. So deckte der den Fund in aller Stille wieder zu und ging voller Freude nach Hause. Er verkaufte alles, was er hatte, und kaufte den Acker.
    Und Jesus fährt fort: Wenn ihr euch also von Gott (für diese Neue Welt) eingeladen fühlt, dann setzt alles daran, diesen Schatz zu finden. (Richtet euer Leben ganz auf das Reich Gottes, die andere Neue Welt, aus.)

62. Bring gute Früchte!

(fünf verschiedene gute Früchte: Apfelsine, Banane, Apfel . . .)

Vor dem Evangelium geht ein Kind nach vorne, hebt die Früchte hoch und nennt die einzelnen Namen. Prediger: Wer bekommt heraus, was diese Früchte mit dem heutigen Evangelium zu tun haben?

Evangelium: Lukas 13,6–9 (vom Feigenbaum, der abgeschlagen werden soll, weil er keine guten Früchte bringt).

Habt ihr es herausgefunden? Wir sind alle wie Bäume vor Gott, die gute Frucht bringen sollen, d.h. die viel Gutes tun sollen.

Zu den ersten vier Früchten wird jetzt jedes Mal ein Beispiel erzählt. Z.B. hier (der Prediger hebt eine Frucht hoch), das ist der Bernd, der hat Folgendes getan: In seiner Klasse ist ein Junge, ärmlich gekleidet, von allen herumgestoßen, verlacht; kann kaum lesen, noch schlechter schreiben, seitdem hat er sich immer mehr zurückgezogen, er ist richtig schüchtern geworden. Bernd hat gedacht: Er kann doch nichts dafür, vielleicht kümmern sich die Eltern zu wenig um ihn. Und als sie wieder auf ihm herumhacken wollten, hat Bernd gerufen: „Wer den Ulli jetzt nicht in Ruhe läßt, bekommt es mit mir zu tun." Seitdem lebt Ulli richtig auf, er kommt viel lieber zur Schule.

Oder hier (der Prediger hebt eine neue Frucht hoch), das ist Brigitte; sie saß mit Helga im Bus. Ein Negermädchen stieg zu. Und als Helga loslachen wollte, weil das Mädchen so schwarz aussah, hatte sie schon von Brigitte einen Rippenstoß in die Seite bekommen: „Darüber lacht man nicht, man guckt auch nicht so neugierig. Wenn du woanders geboren wärst, sähest du auch anders aus. Ob weiß, ob schwarz, ob gelb, alle Menschen sind gleich!"

Oder hier (der Prediger hält eine neue Frucht hoch), das ist Martin. Eine alte Frau wohnt bei ihm im Haus, die wird immer von Kindern geärgert. Die Kinder wissen, die verträgt den Lärm nicht; darum laufen sie unters Fenster und schreien laut. Freuen sich, weil sie sich jetzt ärgert. Und sie überbieten sich gegenseitig. Alle Kinder machen mit. Martin weiß, das ist nicht richtig. Aber gegen die Kinder kommt er nicht an. – Er grüßt aber jetzt die Frau freundlich, hält ihr die Tür auf, und einmal hat er sie schon gefragt, ob er ihr nicht etwas einkaufen kann. Da sah er, wie die Freude darüber der Frau das ganze Gesicht aufleuchten ließ.

Bei der fünften Frucht sagt der Prediger: „Die suche ich noch unter euch. Wer weiß, was du noch an Gutem tun kannst . . .?"

Und jetzt, paßt auf (der Prediger legt ein weißes Tuch über die Früchte), jetzt hat Jesus etwas Furchtbares gesagt: Der von uns, der keine guten Früchte bringt, der nichts Gutes tut, den will er abhauen, d.h. mit dem will er nichts zu tun haben. – Wer von euch will gute **Früchte bringen?** Der sich Mühe geben will, dem gebe ich eine dieser guten Früchte mit nach Hause, damit er sich daran auch nach der Messe erinnert.

63. Versuch es mit Güte!
(eine schöne Blume, etwa eine Sonnenblume)

Die Blume öffnet sich nur, wenn die Sonne scheint. Ihr Kopf, die Blüte, geht immer mit der Sonne.

So ist es auch bei den Menschen: Sie sind nur mit Güte (= Sonne) zu öffnen. (Beispiele: Jugendliche in der Pubertät, innerlich verhärtete Menschen, Enttäuschte . . .) Jesus hat es uns vorgemacht. Hört gut zu:

Evangelium: Lukas 7,36–50

Jesus war zum Essen eingeladen. Er saß zu Tisch. Da kam eine Frau herein. Sie war eine Dirne; also eine Frau, die für Geld mit fremden Männern schlafen ging. Das, was sie bisher getan hatte, tat ihr leid. Sie trat von hinten auf Jesus zu. Sie weinte. Ihre Tränen fielen auf seine Füße. Sie wischte sie mit ihren Haaren trocken. Dann rieb sie die Füße mit kostbarer Salbe ein.

Der Mann, der Jesus zum Essen eingeladen hatte, sah es. Er dachte: „Wenn der ein Prophet wäre! Ja, dann wüßte er, was das für eine Frau ist, die ihn da anrührt. Das ist doch eine Dirne! Das weiß doch jeder in der Stadt!"

Jesus erkannte seine Gedanken. Und er sagte zu ihm: „Hör zu, ich habe dir etwas zu sagen! – Siehst du diese Frau? – Es ist üblich, wenn ich von der staubigen Straße komme, daß du mir Wasser gibst, um die Füße zu waschen. Du hast es nicht getan. Sie aber hat sie mit Tränen gewaschen und mit ihren Haaren getrocknet. – Du hast mir das Haupt beim Eintreten nicht mit Öl gesalbt, wie es üblich ist! Sie aber hat mir mit der viel kostbareren Salbe die Füße eingerieben. – Du siehst: Sie hat jetzt viel geliebt – und darum sind ihr viele Sünden (viel Schuld) vergeben."

Und Jesus sieht die Frau an und sagt: „Deine Schuld soll dich nicht mehr von Gott trennen. Du kannst gehen. Deine Sünden sind dir vergeben!"

Prediger: Was wäre geschehen, wenn Jesus gesagt hätte: „Was willst du hier? Hau ab, du Dirne, du bringst mich nur in einen schlechten Ruf!"? Sie hätte sich verhärtet, noch mehr verschlossen . . . Aber jetzt, bei soviel Entgegenkommen: Sie öffnet sich, sie taut auf, sie ändert sich . . . Es ist wie mit dieser Blume, die die Sonne braucht.

64. Verständnis braucht jeder
(Luftballon; nicht aufgeblasen)

Ihr wißt, wie das mit einem Luftballon ist: Wenn ich ihn immer weiter aufpuste, platzt er.

Habt ihr schon einmal Menschen gesehen, die explodieren? die Nerven verlieren? die drauflosheulen, losschreien? die wild um sich schlagen? die sofort „in die Luft gehen"? Das kann auch bei Kindern sein.

Ich will euch einmal erklären, wie das kommt:

a) Da ist der Manfred (der Prediger pustet nach jeder der folgenden Aufzählungen in den Luftballon; wenigstens beim ersten Beispiel): „Wenn du noch einmal mit einer Fünf in Mathe nach Hause kommst, wird das ganze Fernsehen gestrichen" – „Streng dich mal mehr an, der Ferdi von nebenan schafft das ja auch spielend" – „Geh weg, ich habe jetzt keine Zeit; frag mich nicht immer soviel, du spielst mir an den Nerven" – „Sei nicht so laut, spiel woanders; weg hier" – „Du siehst mit deinen langen Haaren wieder aus; und deine Kleidung ist wieder unordentlich; guck mal den Rolf an, wie adrett der herumläuft" –

Und irgendwann ist der Manfred so geladen, daß er etwas Dummes macht.

b) Oder Frau Schlösser: Sie bekommt zu hören: „Hab keinen Hunger" – „Was hast du dir da wieder zusammengekocht" – „Kannst du nicht endlich mal mit der Putzerei fertig sein, wenn ich nach Hause komme" – „Am Telefon kriegst du aber auch nie den Dreh" – „Frag mich nicht so aus" – „Laß mich in Ruhe" – „Du bist selbst schuld, daß du so überarbeitet bist" – „Du mußt das mehr auf andere aufteilen" – „Den Max verwöhnst du viel zu viel" –

Irgendwann muß Frau Schlösser explodieren.

c) Herr Müller im Beruf: „Sie haben auch schon mal schneller gearbeitet" – „Heute abend muß die Arbeit fertig sein" – (zu Hause) „Die Kinder haben mich den ganzen Tag geärgert, jetzt sag du denen mal was" – „Am Sonntag fahr ich nicht mit zu deiner Mutter; das gibt doch nur neuen Ärger" – „Guck dir mal die Garderobe von Frau Schmitz an; und erst die vollautomatische Küche von der Frau Georg" . . .

Menschen, die auf kein Verständnis stoßen, auf keine Anerkennung, fühlen sich als Versager, fühlen sich hin und her gestoßen.

Manchmal wären wir viel bessere Christen, wenn wir die kleinen Dinge, die jeder Mensch nötig hat, mehr beachten würden:

a) mehr loben;

b) einige Dinge im „Stundenplan" haben, die wir sehr gerne tun, um zwischendurch etwas Luft abzulassen (ein Hobby, Fußballverein, Kaffeekränzchen . . .)

c) sich mehr Zeit für sich nehmen . . . Und vielleicht darin ein Gespräch mit Jesus: „Herr, manchmal nehme ich mich selbst viel zu wichtig. Und was ich nicht ändern kann, Herr, hilf mir tragen!"

65. Hoffnung
(Thermometer)

Ihr wißt, wenn das Thermometer unter Null fällt, dann wird es oft unangenehm: Frost, Glätte, Schnee. Auf uns Menschen übertragen heißt das: Verzweiflung, Verbitterung, Resignation, Selbstmord.

Wenn das Thermometer nach oben schnellt, ist es auch unangenehm: Hitze, Schweiß. . .
Auf uns Menschen übertragen heißt das: Überheblichkeit, „ich habe Gott nicht nötig".
Die mittlere Temperatur läßt sich am besten ertragen. Die Mitte zwischen „kalter" Ver-
zweiflung und „hitziger" Überheblichkeit nennen wir die Hoffnung: auf Gott und die ei-
gene Kraft vertrauen – in der Grundhaltung der Freude.
Evangelium: 3 Sätze auswählen aus Mattäus 5,1–12 (Seligpreisungen).

66. Die Welt verändern
   (ein durchsichtiges Gefäß mit Wasser; ein Gefäß mit Salz)

Hier steht ein Gefäß mit Wasser. Du kannst ruhig einmal mit deinem Finger probieren,
ob es auch stimmt . . . Dieses Glas mit Wasser soll unsere große Satellitenstadt Garath
sein. Diese Prise Salz: Das sind die Christen, du und ich, und alle, die hier sind, und noch
viele mehr.
Schaut gut zu, was sich verändert. (Der Prediger schüttet etwas Salz in das Gefäß und rührt
es um.) Die Kinder können das veränderte Aussehen beobachten und schmecken auch
die Veränderung.
So können wir, du und ich, und wir alle, diese Stadt Garath verändern, wenn unser Salz
nicht schal ist, d.h. ohne Kraft.
Friede und Freude hängen in dieser Stadt auch von uns ab.
Evangelium: Mattäus 5,13 (Ihr seid das Salz der Erde . . . – Dieser Satz darf ruhig noch
   einmal wiederholt werden).

67. An sich arbeiten
   (zwei Kastanien in ihrem noch ganz stacheligen Gehäuse; eine Kastanie im glatten
   Gehäuse)

Der Prediger hält die beiden stacheligen Kastanien hoch: „Hier kann man sich dran weh-
tun, so hart sind die Stacheln. Habt ihr schon einmal Menschen mit Stacheln kennenge-
lernt? Könnt ihr mir solche Stacheln bei Menschen nennen? . . . Ja, die schlagen zurück,
die haben eine Doppelzunge, sind verlogen, egoistisch, stolz, nachtragend . . . Und
könnt ihr euch vorstellen, wenn zwei solcher Menschen zusammenleben sollen, wie das
gehen soll?!
Dagegen schaut hier diese glatte Kastanie: Ein Mensch, mit dem jeder gern zu tun hat.
Zuerst zeigten sich auch bei dem Stacheln. Aber er hat an sich gearbeitet, er hatte einen
Willen. Manche werden sogar zu Heiligen. Sie arbeiten aus Liebe zu Christus gegen ihre
Stacheln.
Und dafür sind wir auch hier: Durch unser Denken an Jesus und sein Vorbild uns so zu

ändern, daß wir zur Freude für andere werden.

Evangelium: Josefs Brüder – Verhalten des Josef
  Kain – Abel
  Judas – Jesus.

68. An sich arbeiten

(ein glatter Stein und ein Stein mit vielen Ecken; der glatte Stein ist leicht in einem Bach oder am Strand zu suchen; darum eignet sich diese Predigt sehr im Ferienlager)

Ihr merkt sofort den Unterschied zwischen diesen beiden Steinen . . . Den schönen glatten Stein habe ich im Bach gesucht: Wer kann mir sagen, wie der so glatt geworden ist?
(Im wesentlichen sind jetzt die Gedanken der vorhergehenden Zeichenpredigt wieder zu erarbeiten: den Egoismus bekämpfen ist das Ziel in der Pubertät. Sonst muß sich die Umwelt später an den Ecken eines solchen Menschen immer wieder stoßen. Gerade in einem Ferienlager ist das sehr leicht zu merken, wo du Ecken hast. Und eine Gemeinschaft wird erst dann, wenn wir uns auf diese Ecken hin ansprechen, wenn wir uns diese Ecken sagen lassen und wenn wir an uns arbeiten wollen.)
Evangelium: Petrus (Das Auf und Ab dieser Person erzählen); oder: die inneren Kämpfe einer anderen großen Person (Saulus – Paulus).

69. Sich für andere verzehren

(eine brennende Kerze)

Schaut euch diese Kerze genau an. Sie verzehrt sich immer mehr, sie nimmt ab, aber sie gibt dabei Wärme und Licht ab.
In der Bibel heißt es: Wer sein Leben verliert, wird es gewinnen. Gemeint ist damit: Wer sich verzehrt für andere, der wird gewinnen. Wer aber sein Leben für sich behalten will, wer nur an seine eigenen Wünsche denkt, wird es verlieren: Er gleicht einer ausgeblasenen Kerze. Da ist noch viel Wachs, aber es geschieht nichts; nichts, wofür er da ist.
Evangelium: Mattäus 5,14–16 (Licht für die Welt sein).
Gut ist dies bei einem Abendgottesdienst, wenn jeder eine brennende Kerze in der Hand hat. Gelegenheiten gibt der Pfingstabend, die Osternacht, der Weihnachtsabend. Jeder

soll, allein aus Gründen der Konzentration, in die Flamme seiner Kerze schauen. Und dabei könnte man folgende Sätze – mit langen Pausen – vortragen:
Es ist besser, ein Licht anzuzünden, als über die Dunkelheit der Welt zu schimpfen.
Das Licht einer einzigen Kerze kann alle Finsternis löschen.
Jesus sagt: Ich bin das Licht der Welt.
Jesus sagt: Ihr sollt Licht für die Welt sein.

70. Sich für andere verschwenden
(ein üppig blühendes Alpenveilchen)

Zuerst die Blume erraten lassen. Ist es nicht toll! Diese Blütenpracht! Dieses Alpenveilchen blüht sich regelrecht kaputt. Es nimmt keine Rücksicht auf sich. Es berechnet nicht. Es würde doch viel länger leben, wenn es die Kräfte etwas einteilen würde.
Hat das die Mutter nicht auch schon gesagt: Schon dich noch etwas. Es liegt noch so viel Schweres vor dir! – Berechnest du nicht oft? Wenn du etwas getan hast, hältst du dann nicht oft die Hand auf?
Es gibt einen Brunnen, auf dem steht: „Immer nur geben, immer nur geben."
Das ist unsere Lebensaufgabe als Christen. Jesus hat es uns vorgemacht. Er gab, ohne die Hand aufzuhalten. Er rieb sich auf, bis in den Tod.
Wenn unser Leben nur eine Zeit der Prüfung ist, dann dürfen wir etwas von dieser Haltung übernehmen. Blüten bringen, zur Freude der anderen.
Hört dazu folgende Stelle aus der Bibel. Und schaut dabei das Alpenveilchen an.
Lesung: Römer 12,15.17.18.21
> Freut euch mit denen, die sich freuen. Tragt mit am Leid derer, die betrübt sind. Bemüht euch, *allen* Menschen gegenüber gute und freundliche Gedanken zu haben. Es ist gut, wenn ihr mit allen Menschen im Frieden lebt, soweit es an euch liegt und soweit es irgend möglich ist. Siege über das Böse, indem du ihm das Gute entgegenstellst.

71. Besser ein überzeugter Christ als 100 Taufscheinchristen
(eine brennende Kerze und ein Kessel)

Evangelium: Mattäus 5,14–16 (Ihr sollt Licht für die Welt sein).
(Schon während des Evangeliums kann man an der Stelle „einen Kessel darüber stülpen" – Übersetzung nach Zink – den Kessel über die Flamme stülpen.)
Stellt euch vor, in der ganzen Kirche wäre es dunkel. Stockdunkel. Nur hier vorne würde diese eine Kerze brennen. Ihr Licht würde ausreichen, daß du dich nicht stößt an den Bänken, an den Säulen und daß du nicht über die Stufen stolperst, wenn du bis zu dieser Kerze gehen willst. Sie gibt dir in der ganzen Kirche Orientierung.

Anders ist das, wenn ich den Kessel darüber stülpe. Dann bleibt nur noch ein schwacher Schimmer übrig. Der hilft dir wenig. Du kannst dich nur noch verschwommen orientieren. Du siehst die Hindernisse nicht mehr. Du kannst stolpern. Dich stoßen.

Das Licht soll leuchten. Orientierung geben. Besser ein einziges Licht, an dem man sich orientieren kann, als hundert Lichter, über die Kessel gestülpt sind. Besser *ein* Christ, der wirklich vorlebt, um was es geht, als hundert, die nur vorgeben, Christen zu sein.

Zu wem kannst du dich zählen?

72. Wer kämpft für den inneren Umweltschutz?

(eine Pistole/ein Landser-Heft, ein Schnulzenroman/und Bravo, ein Sex-Heftchen/ oder eine St. Pauli-Zeitung oder das Filmprogramm einer Zeitung, ein Fernsehprogramm, einen Hundertmarkschein)

Alles spricht heute vom Umweltschutz. Welche Gegenstände hätte ich mitbringen müssen, um euch zu zeigen, wie viele Leute draußen immer noch nicht auf den Umweltschutz achten . . .?

Ich habe andere Gegenstände mitgebracht. Die halte ich für noch wichtiger. Hier geht es nämlich um den *inneren* Umweltschutz. Nicht, daß die Seele vor dem Körper verseucht ist! Aber ihr werdet ja sehen (jetzt stellt der Prediger die einzelnen Gegenstände vor):

Also zuerst die Pistole und das Landser-Heft: Ihr merkt gar nicht, wie euch auf spielerischem Wege beigebracht wird, daß der Krieg doch eine spannende, interessante Sache ist. Es macht regelrecht Spaß, herumzuballern. Aber was geschieht damit alles . . .?

Oder hier dieser Schnulzenroman: Da liest eine Frau mit Tränen in den Augen, welches Glück ihr doch einmal begegnen könnte. Und dabei vergißt sie ihr wirkliches Leben. Und wenn der Mann nach Hause kommt, erwartet sie von ihm das Benehmen eines Helden. Und sie ist tief enttäuscht, wenn alles anders läuft. Das ist auch das Gefährliche an diesem Bravo-Heft: Du sitzt in der Schule, träumst von der Karriere, wie man dich entdeckt, stundenlang träumst du, und dabei hast du nicht zugehört, wie die Mathematikaufgabe erklärt wurde.

Oder hier dieses Filmprogramm aus einer Zeitung . . . Gegen einen nackten Körper ist nicht unbedingt etwas einzuwenden, aber daß es hier nur immer um den Körper geht, daß er nur Spielzeug ist, daß oft der Körper in den Schmutz gezogen wird, bei einer Frau oder bei einem Mädchen nur der Körper und nicht die Person gesehen wird, daß man sie eigentlich gar nicht ernst nimmt: Das ist das Schlimme daran.

Oder hier das Fernsehprogramm. Was könnte man gegen das Fernsehen haben, auf das wir doch alle nicht verzichten wollen? . . . Ja, es ist einiges gegen die Brutalitäten zu sagen, die vielen Schläger-Szenen . . .

Und der Geldschein? Ich weiß, ohne Geld geht es nicht. Aber wieviele verfallen ihm? Legen sich krumm, hetzen sich ab, leben nur noch für das liebe Geld. Und vernachlässigen ihre Kinder . . .

An diesen Dingen erstickt die Welt. Der äußere Umweltschutz ist wichtig. Aber der innere Schutz noch viel mehr. Aber wer spricht schon davon, von dieser Verseuchung unserer Gedanken?

Evangelium: Mattäus 6,24

Jesus sagt: Niemand von euch kann zwei Herren zu gleicher Zeit dienen. Entweder er wird dem einen sein Herz verweigern und es dem anderen schenken, oder er wird sich um den einen bemühen und den anderen links liegenlassen.

Ihr könnt nicht Gott dienen *und* euer Herz an das Geld hängen.

73. Nicht vom Geld allein lebt der Mensch
(eine schöne Dose)

In dieser Dose ist etwas, was euch ganz glücklich machen kann. Was meint ihr, was das wohl ist? (Sehr leicht schließen die Kinder auf Geld oder Gold, und zwar wegen der Schönheit der Dose.) Darauf geht der Prediger ein und sagt: Ich glaube, Geld und Gold ist es nicht. Aber nach der folgenden Geschichte werdet ihr das selber einsehen. (Er liest jetzt die Geschichte vor vom reichen Mann und dem Schuster, der schließlich das viele Geld wieder zurückgibt, weil es ihn doch nicht glücklich macht. Aus dem Grundschulbuch von Günther Weber, *Wie wir Menschen leben* 2, 3. Auflage, Freiburg 1973, S. 11.)

Evangelium: Lukas 4,1–4 (Jesus sagt: Nicht vom Geld allein, nicht vom Brot allein lebt der Mensch).

Prediger: Es ist etwas darin, was uns glücklich machen kann, was man aber nicht sehen kann . . . Er stellt zwei Kinder vor den Altar und sagt: Ob die sich gernhaben oder nicht, ob die sich lieben oder hassen, das kann man jetzt nicht sehen. Das ist unsichtbar. Und jetzt weißt du auch, was in der Dose ist: Da ist Liebe, die du geben willst. Nicht die Liebe, die du haben willst. (Vgl. auch die Zeichenpredigt Nr. 29 vom Geldschein)

Evangelium: Lukas 10,25–28 (Meister, was muß ich tun, um ganz glücklich zu werden?).

74. Kontrolliere dein Sprechen (üble Nachrede)
(drei Siebe)

Was kann ich mit einem solchen Sieb machen . . .?

So ähnlich soll das auch mit unserem Sprechen sein: Wir müssen gut sieben. Leicht haben wir zuviel gesagt. Es gibt da eine Regel: Du sollst alles, was du sagen willst, durch drei Siebe sieben.

Das erste Sieb: Frage dich, ob das auch ganz sicher *wahr* ist, was du mir von einem erzählen willst. Wenn du es von einem anderen gehört und der es wieder von einem anderen gehört hat, dann ist die Wahrscheinlichkeit groß, daß du nicht die ganze Wahrheit gehört hast.

Das zweite Sieb ist das Sieb der Güte. Frag dich immer, ob du etwas *Gutes* weitersagen willst. Und wenn es das Gegenteil ist, dann verzichte darauf; denn du hättest auch nicht gerne, wenn man Häßliches von dir weitererzählt.

Das dritte Sieb: Frage dich immer, ob es *wichtig* ist, was du zu sagen hast.

Wer weiß noch, was die drei Siebe bedeuten? (Ist es *wahr*, ist es *gut*, ist es *wichtig*?)

(Nach einer Geschichte aus dem *Vorlesebuch zum katholischen Katechismus* 3, von Peter Eismann/Jan Wiggers, 2. Auflage, München 1955, S. 367)

Evangelium: (Vorher packt mal mit der linken Hand eure Zunge; und jetzt denkt mal darüber nach: Wie oft hast du ihretwegen schon Schläge bekommen oder wenigstens Schimpfe, weil du gelogen hast? Oder wie oft hast du schon Falsches über andere gesagt?)

Jakobus 3,4.5.9.11: Die Schiffe, die von so großen und starken Winden gepackt werden, sie werden durch ein kleines Steuerruder gelenkt, wohin der Steuermann sie haben will.

So ist auch die Zunge ein ganz kleiner Körperteil, viel kleiner als der Fuß oder die Hand. Aber was kann durch sie alles geschehen!

Seht: Zuerst ist ein Feuer ganz klein, aber wie groß kann der Wald sein, der dann abbrennt.

So können wir mit der Zunge Gott loben und preisen – wir können mit ihr aber auch die Menschen verfluchen. Aus ein und demselben Mund kommen Gutes und Böses. Das sollte bei uns nicht so sein, Jungen und Mädchen, Brüder und Schwestern. Auch aus einer Quelle kommt ja nicht süßes und salziges Wasser zugleich.

75. Den Dreck anderer fegen?
(ein Besen)

Letzte Woche waren wir in der Jugendherberge. Beim Spülen, beim Kehren – wir durften sogar noch Kartoffeln die Augen ausstecken –, da drückt sich jeder gern; das scheint unter der Würde der Jungen zu liegen.

Aber, jetzt könnt ihr ruhig staunen: Wir sind Besen in der Hand Gottes und sollen die Scherben anderer wegkehren; manchmal auch den Dreck anderer. Dafür dürfen wir nicht zu fein sein. Allerdings brauchen wir uns nicht ausnutzen zu lassen. Diese kleinen Dienste sind manchmal so einfach: Oft genügt es, daß wir nur zuhören können.

Das war für die Jünger damals und ist für die Jünger heute schwer zu verstehen.

Evangelium: Markus 9,33–35 (Der Größte ist, der dienen will); oder: Jesus wäscht den Jüngern die Füße. (Hier paßt auch gut der Inhalt des Gedichts: „Die Legende vom

Hufeisen" von Goethe: Petrus ist sich zu schade, ein Hufeisen aufzuheben; aber nach den Kirschen bückt er sich immer wieder.)

76. Der Kreislauf des Guten
(ein stehendes Mobile mit leicht vibrierenden Teilen)

Ein kleiner Stoß an eines dieser Teile – und die Bewegung überträgt sich langsam auf alle anderen. Es schwingt in Wellen nach außen; die allernächsten bekommen immer die größte „Erregung" mit.

Das kann ich im Guten wie im Bösen deuten: Setzt du einen guten Anstoß (= du bist freundlich, gut gelaunt, hilfsbereit, lobst einen anderen . . .), dann überträgt sich das auf andere.

(Hier kann jetzt ausführlicher folgende Geschichte erzählt werden: Der Pförtner eines Klosters bekommt, weil er einen Durchreisenden immer sehr freundlich behandelt hat, von diesem zum Abschied eine schöne Weintraube geschenkt, über die der Bruder sich sehr freut. Dann aber denkt er an einen anderen kranken Mitbruder; er macht ihm eine Freude damit. Dieser aber denkt an . . ., so macht die Weintraube die Runde, bringt immer neue Freude, bis einer – der den Kreislauf ja nicht wissen kann – sie wieder dem Pförtnerbruder schenkt . . .)

Aber auch das Böse kannst du weitergeben. Oft fällt das viel leichter. Vielleicht hast du schon vom „Teufelskreis" gehört. (An Beispielen erklären. Es eignet sich auch gut die Geschichte „Schlechte Laune" in Krenzer u.a., *Kurze Geschichten*, S. 151 f: Die schlechte Laune eines Milchmannes oder Bäckers steckt an, bis die Auswirkungen schließlich in die eigene Familie zurückkehren. Ähnlich: „Die anderen Kinder" von U. Wölfel, aaO. S. 153 ff)

Lesung: Römer 12,15 (Freut euch mit denen, die sich freuen . . .); auch Römer 12,14.17–19, aber auch Evangelienstellen wie Mattäus 5,38–41.43.44.

77. Wir brauchen Zeiten der Entspannung
(ein Pfeil und ein Bogen)

Wenn ich diesen Bogen immer so extrem spanne, wird er irgendwann seine Spannkraft verlieren. Er kann sogar brechen, wenn ich ihn überspanne.

So geht es auch den Menschen: Viele Erwachsene leben so im „Streß", daß oft nur ein Herzinfarkt sie wachrüttelt. – Ob das auch bei Kindern schon der Fall ist?

Ein Kind kommt nach vorne und liest auf einem langen Papierband seinen wöchentlichen Terminkalender vor: Schwimmen, Musikschule, Judo, Scholaprobe, Meßdienerstunde, Nachhilfeunterricht . . .

Auf viele Kinder kommt schon viel zu viel Hetze zu! (Was sich im Jugendalter schon rächt: Die Gammelphase wird nur länger; die „Natur" holt in der Verspieltheit zurück, was ihr im Kindesalter vorenthalten wurde . . .)

Um diesem Streß zu entgehen, stürzen sich viele Leute sonntags ins Grüne, ins Camping . . . Diese Ruhe des Wochenendes (wenn einer nicht so verrückt ist und Hunderte von Autokilometern abrast) ist schon ein richtiger Weg: Dafür ist der Sonntag auch da, daß wir ausruhen sollen.

Und doch machen viele Menschen einen Fehler: Sie suchen nur *äußerlich* Ruhe: viel schlafen, faul herumliegen, mit Fernsehen vollaufen lassen . . . Was viel wichtiger ist: die innere Erholung! Andere, innere Werte erleben, indem ich ein gutes Buch lese, ein Bild male, Zeit zu einem Gespräch finde, um das Familienleben wieder zu vertiefen . . .

Der sonntägliche Gottesdienst ist das „tiefste" Angebot für die innere Erholung: Deine Seele soll Atem holen; du kannst dich wieder daran erinnern, daß du geborgen bist in der Hand Gottes und nicht ausgeliefert an irgendeinen Zufall; deine guten Kräfte sollen angesprochen und gestärkt werden; dein Mut, zu Christus zu stehen, soll erneuert werden (= das „Rückgrat" gestärkt werden).

Merkt ihr? Hier holst du dir erst wieder die wirkliche Spannkraft für dein Leben, damit der Bogen die ganze Woche kräftig genug ist, Pfeile des Guten abzuschießen.

(Siehe auch unten Idee Nr. 1, Sendung in den Alltag, und Zeichenpredigt Nr. 64, Vom Luftballon; siehe auch Blasig, *Sonntag für Kinder* 5, S. 125 ff: Gott ist in der Stille)

Evangelium: Markus 6,30–31 (Auch die Jünger brauchten Zeiten der Entspannung).

78. Mensch, ärgere dich nicht!
(das gleichnamige Spiel)

Wir können jedem Menschen nur vor die Stirn sehen. Wer möchte nicht mal dahinterschauen und feststellen: Oh, so ist der wirklich! – Es gibt Mittel, dahinter zu schauen: Wir brauchen z.B. nur dieses Spiel „Mensch, ärgere dich nicht!" zu spielen. Im Spiel vergißt du nämlich, wie du dich eigentlich klug und diplomatisch verhalten müßtest; du gibst dich dann ganz so, wie du wirklich bist! Und jetzt überlege: Willst du immer gewinnen? Mogelst du? Kannst du nicht verlieren? Und wenn du verlierst, *wie* verlierst du . . . (unfreundlich, voller Wut, unfair . . .)? Und je mehr du dich ärgerst, um so mehr lachen die anderen!

So ist das auch im Spiel des ganzen Lebens: Du mußt auch verlieren können, ohne dem anderen gleich innerlich den Tod zu wünschen. Auseinandersetzungen kommen auf dich zu, denen sollst du auch gar nicht aus dem Wege gehen, aber du sollst dich jetzt schon einüben, *wie* du diese Konflikte (mit Geschwistern, Mitschülern, Eltern . . .) durchträgst!

Dieses „Mensch, ärgere dich nicht!"-Spiel verrät also viel von deinem Inneren und dem deiner Mitspieler. Es kann dich lehren, schon jetzt einzuüben, *wie* du dich am besten in „schwierigen Situationen" verhältst.

Soll ich euch noch verraten, wann ihr bei den Größeren hier auch hinter die schöne äußere „Fassade" schauen könnt?

Z.B. bei Jugendlichen: Beobachte sie einmal beim Fußballspiel, *wie* sie spielen: Haken sie unfair nach, wenn der Ball verlorengegangen ist . . . Meckern sie über jede Entscheidung des Schiedsrichters, wenn sie gegen sie ist . . . Stecken sie schnell auf, wenn das Spiel auf die Verliererstraße gerät . . . Ist das Gesicht haßverzerrt, wenn der Gegenspieler hart, aber fair eingestiegen ist . . .?

(Oder: Verhalten beim Essen – bis hin zum Bericht von Szenen im Gefangenenlager . . .)

Und bei Erwachsenen? Beobachte einen Fahrer am Steuer, da gibt er sich auch, wie er wirklich ist: Läßt er keinen vorbei . . . Wird schon bei einer Kleinigkeit an die Stirn getippt . . . Welche Worte hat er für andere Verkehrsteilnehmer . . .? Ich glaube, da kannst du den wirklichen Charakter eines Menschen kennenlernen – und im Spiel des Lebens wird er in schwierigen Situationen genauso reagieren.

Dieses Spiel hier ist also eine kleine Hilfe, sich jetzt schon Mühe zu geben, die inneren guten Kräfte in dir immer stärker werden zu lassen, damit du einmal ein Christ werden kannst, der (ohne Heuchelei) durch sein Leben andere nachdenklich macht und fähig ist, als ein gutes Glied der Gesellschaft die Welt freundlicher werden zu lassen.

(Vgl. Keller/Wagener, *Motivmessen für Kinder*, S. 79 f)

Evangelium: Auszüge aus Mattäus 5,43–6,4;
    Römer 12,9.10.16–19 (z.B.: Es ist gut, wenn ihr mit allen Menschen in Frieden lebt . . .)

Andere Ideen

1. *Thema:* Sendung in den Alltag. – 7 Plakate (auf einer Seite mit den 6 Wochentagen der vergangenen Woche und – rot – der Sonntag gezeichnet; auf der anderen Seite die Wochentage der kommenden Woche) = die ganze Woche nehmen wir mit in den Gottesdienst hinein (in den Bußakt). Und wenn wir sonntags am Gastmahl der Liebe teilnehmen, muß an jedem Wochentag der nächsten Woche noch etwas davon zu spüren sein . . . So heißt es am Ende der Messe: „Gehet hin in Frieden" = „Geht, schafft Frieden!" (Ausführlicher: Blasig, *Sonntag für Kinder* 3, S. 67 ff)

2. *Thema:* Eine Betrachtung des eigenen Leibes. – Betrachten der Hände (die ja jeder dabei hat!). Ich kann damit schlagen, ich kann damit Frieden anzeigen . . . (Viele gute Gedanken, die noch mehr ins Religiöse geführt werden sollten! Vgl. dazu Sauer, *Verkündigung*, S. 25 f; die Betrachtung selbst S. 143 ff)

3. *Thema:* Licht für die Welt sein. – Diese Thematik ist häufig anzutreffen: Siehe Schulz, *Katechese*, S. 112 (als Bußgottesdienst im Advent); Stadelmann u.a., *Spiel oder Gottesdienst*, S. 99 f (zum Adventsbeginn); Longardt, *2 × 12 experimentelle Andachten*, S. 104 ff (Andacht mit Lichterspiel); Zeichenpredigt Nr. 57 in diesem Buch (Gib die Liebe weiter); Hoffsümmer, *Wir freuen uns*, S. 46 (Bin ich noch Licht für die Welt?).

4. Siehe auch: Zeichenpredigten Pfingsten, Idee Nr. 5.
5. Siehe auch: Zeichenpredigten Verkehrssonntag, Idee Nr. 4.
6. Siehe auch Einleitung III,3: Gottes Schönheit und Güte widerstrahlen. Der Diamant.

Im Jahreskreis – III. Gemeinschaft

79. Gemeinsam sind wir stark

(ein durchsichtiges Gefäß mit etwa 2000 Weizenkörnern, je nach der vermuteten Zahl der Kirchenbesucher)

(Am Eingang werden zusätzlich jedem Kirchenbesucher vier Weizenkörner in die Hand gedrückt, die er festhalten soll.)
Habt ihr die vier Körner noch . . .? Wer kann sie mir noch zeigen . . .? Ihr gebt doch zu: Die wenigen Körner sind so wertlos; man kann nichts damit anfangen und wirft sie weg; vielleicht haben es einige schon längst getan. Wenn aber die Körner alle zusammengelegt werden – und hier in dieser Schale sind genau soviel, wie euch hinten einzeln in die Hand gedrückt worden sind –, dann kann man schon Mehl daraus machen und ein Brot bakken.
So geht es uns auch draußen oft: Einzeln als Christen oder als Menschen, die das Gute wollen, zeigt sich keine große Wirkung. Niemand beachtet den einzelnen. Deshalb müssen alle zusammenhalten. Sich organisieren. Das will auch die Kirche. Die aus der Kirche austreten, stürzen sich wieder in die Isolierung. Sie stehen wieder allein. Wenn sie sich zusammenschließen würden, ja, dann würden sie vielleicht Einfluß gewinnen. Aber es ist besser, innerhalb der Kirche etwas zu ändern, die anderen Körner zu beeinflussen.
Evangelium bzw. Lesung: 1 Korinther 12,12ff (Leib – Glieder); oder 1 Korinther 3,3–8.
(Vgl. *Arbeitskreis Kindergottesdienste Köln*, S. 23 f)

Andere Ideen

1. *Thema:* Aufeinander abstimmen. – Alle Kinder, die Musikinstrumente besitzen, bringen sie mit zur Kirche. Auf ein Zeichen hin sollen alle mit dem Spiel beginnen. Folge: ein abscheuliches Chaos von Tönen, weil keine Absprachen getroffen wurden über Takt, Melodie . . . Zudem waren die Instrumente nicht aufeinander abgestimmt. – So ist es auch im Leben, wenn jeder für sich arbeitet . . . Danach kann – als Gegenerfahrung – ein einstudiertes Musikstück stehen. Am Cäcilienfest in Roermond, s. Seidel/Zils, *Werkbuch*, S. 74.

2. *Thema:* Die Gemeinde – das ist ein Lied (Epheser 5,19.20).
a) Zwei Kinder spielen auf ihrer Flöte nur die Hälfte der Töne einer bekannten kurzen Melodie = so klingt es auch in einer Gemeinde nicht gut, wenn welche fehlen. b) Die Kinder spielen zwar alle Töne, aber einige entsetzlich falsch = Lügen, Schimpfen, „keine Lust" sind Mißtöne in einer Gemeinschaft. c) Die Flötenkinder drehen sich den Rücken zu und finden keinen gemeinsamen Anfang = Haupt und Glieder einer Gemeinschaft (Papst, Bischof, Priester, „Laie"...) sollen sich miteinander verständigen. d) Die Kinder spielen das Lied richtig und einstimmig = die Gemeinde soll an „einem Strick" ziehen. e) Die Kinder spielen das Lied zweistimmig = jeder aus der Gemeinde soll seine Talente auf irgendeinem Gebiet miteinbringen. (Ausführlicher: Lothar Zenetti in Sauer, *Verkündigung*, S. 167 ff)
3. Siehe die sieben Zeichenpredigten unter den Nummern 78, 99–104.
4. *Thema:* Wir sind die *lebendigen* Steine der Kirche: Hoffsümmer, *Wir freuen uns*, S. 46 f. Unter demselben Thema ein Lesetext als Eröffnungsgottesdienst in einem neuen Gemeindezentrum: H.-M. Schulz, *Damit Kirche lebt*, Mainz 1975, S. 109 ff.

Im Jahreskreis – IV. Bibel

80. Die Worte Jesu schließen das Leben auf
   (ein schöner großer Schlüssel, vom Tresor oder Tabernakel)

Was kann ich mit diesem Schlüssel machen?... Mit diesem Schlüssel ist es einfach, eine Tresortür zu öffnen. Eine Tür, die so schwer ist, daß sie euch erdrücken kann. Wenn ich den Schlüssel nicht habe, müßte ich stundenlang schweißen, hämmern, mich abmühen, um hineinzukommen.

Die Worte Jesu sind solche Schlüssel. Wenn ich sie nicht nur höre, sondern auch danach handle, kann ich leicht das Leben meistern.
Soll ich mal die Probe machen? Ich lese euch fünf Worte (= Sätze) von Jesus vor, dazwischen mache ich lange Pausen.

Evangelium: 5 Sätze aus der Bergpredigt (nach Mattäus)

Freuen dürfen sich alle, die ein Herz für andere haben; denn für sie wird auch Gott ein Herz haben.

Freuen dürfen sich alle, die Frieden machen, wo Streit ist; denn sie sind die Kinder Gottes.

Wenn ihr anderen ihre Fehler verzeiht, wird auch euer Vater im Himmel euch verzeihen.

Wenn jemand dich zwingt, ein Stück weit mit ihm zu gehen, dann geh mit ihm doppelt so weit.

Was immer ihr von den Mitmenschen an guten Taten erwartet, das tut zuerst ihnen. (Wer die Bibel nicht kennt, kennt Jesus nicht!)

Noch einmal: unser Glaube ist wie ein Schlüssel, der zentnerschwere Türen (= Probleme) öffnen kann.

81. Altes Testament – Neues Testament

(eine sprießende Tulpenzwiebel; eine Tulpenblüte, an der noch die Zwiebel ist; eine Tulpe mit Fruchtkolben und Zwiebel)

Zuerst nur die Tulpenzwiebel zeigen: Ich habe euch hier eine Tulpenzwiebel mitgebracht . . . Da ist etwas drin . . . (Erarbeiten, daß daraus einmal eine Blüte wächst, die jetzt schon keimhaft in der Zwiebel ist.) Die Zwiebel soll die Zeit vor Jesus bedeuten. Der erste größere Teil der Bibel, das Alte Testament, weist auf die Blüte einmal hin – auf Jesus. Er wird verheißen.

Der Prediger zeigt die Blüte. Der zweite Teil der Bibel befaßt sich mit der Erfüllung der Worte der Propheten im Alten Testament: Die Erfüllung ist Jesus. Darüber steht in 27 Büchern geschrieben.

(Die dritte Stufe ist etwas problematisch. Es geht um die Parusie, um die eschatologische Haltung, oder einfacher: um die „Vollendung der Erfüllung". Vielleicht ist die reife Frucht der Tulpe Hinweis darauf, daß die wirkliche Frucht aller Bemühungen von Jesus noch kommt. Und an der Zwiebel unten sind ja schon die neuen Zwiebeln zu entdecken: Ein Hinweis auf das, was in voller Vollendung auf uns zukommt.)

Evangelium: (mehr als Evangelienspiel gedacht)

Drei Kinder treten auf. Das erste sagt seinen Namen, etwa: Ich bin der Prophet Johannes oder Jesaja . . . und spricht einen Hinweis auf den Messias, auf Jesus. Anschließend stellen sich die drei in Richtung Kreuz und zeigen mit der rechten Hand auf den Messias am Kreuz. Dann treten die vier Evangelisten auf, jeder wieder mit einem Spruch, der auf die Erfüllung der Zeit, auf Jesus, hinweist. Die vier stellen sich vor das Kreuz. Dann tritt Johannes auf, der auf der Insel Patmos verbannte Johannes; er sagt einen Spruch aus der Heiligen Schrift, der auf den in seiner Herrlichkeit kommenden Messias hinweist und stellt sich anschließend so, daß er mit der Hand nach Osten weist. (Hier müßte die Erklärung kommen, daß der kommende Messias von Osten erwartet wird. Darum ist jede alte Kirche mit dem Altar zum Osten ausgerichtet, die Türme stehen als Abwehr des Bösen in Richtung Westen.)

Eine Blumenzwiebel kann auch unter einen ähnlichen Aspekt gestellt werden. Thema: Die Bibel deutet unsere Zukunft. Die Blumenzwiebel: unser Leben („es ist alles drin"); die Keime: Hoffnungszeichen (wobei die Blüte erst in der Parusie sichtbar wird); die Erde: unser Alltag (fruchtbarer „Dreck"); der Topf: die Gemeinde oder die Familie, die alles zusammenhalten will; Wasser: Geist Gottes, der aus der Bibel zu uns spricht.

82. Die „Nußregel" als Schlüssel zum Verständnis vieler Berichte im Alten und zum Teil im Neuen Testament
(eine normale Walnuß)

Könnt ihr erkennen, was ich hier habe? . . . Kann man das essen? Ja? Dann bitte, guten Appetit! . . . Das geht nicht? Ja, natürlich, du mußt die Nuß erst knacken! Zuerst muß die Schale entfernt werden, damit du zum Kern vorstößt. Sagen wir, das wäre die Nußregel: „Schale weg, Kern freilegen!"

Jetzt lese ich euch eine Geschichte vor, und ihr sollt mir sagen: Was kann ich an dieser Geschichte wegwerfen, und was muß ich behalten? Was ist die Schale an dieser Geschichte und was der Kern, d.h. was will die Geschichte uns sagen? Hört zu:

Auf einem ganz schmalen Steg über einem reißenden tiefen Waldbach begegneten sich zwei Ziegenböcke, jeder wollte auf die andere Seite. „Nun geh schon aus dem Wege", rief der eine Bock. „Du bist wohl verrückt geworden", sagte der andere, „ich war zuerst auf der Brücke." „So eine Unverschämtheit", schrie der andere, „siehst du nicht, daß ich viel älter bin als du?" – Keiner wollte nachgeben, der Streit wurde immer größer. Auf einmal war die Wut auf dem Höhepunkt. Beide senken die Köpfe, rasen auf dem Steg aufeinander los, es gibt einen heftigen Stoß und beide verlieren das Gleichgewicht, beide fallen in den reißenden Strom und retten sich nur mit Mühe ans Land.

Glaubt ihr, daß Tiere sprechen können? Was ist also Schale an dieser Geschichte? . . . Richtig, die Ziegen kann ich nirgendwo finden, auch nicht die Brücke, auch nicht den reißenden Gebirgsbach. Das sind alles nur Hilfsmittel in einer Geschichte, um uns zu sagen – und jetzt sage ich den Kern der Geschichte: Liebe Leute, vertragt euch doch mehr. Bringt doch etwas Vernunft in eure Streiterei. Dann kommt ihr viel schneller zum Ziel.

Modern ausgedrückt hieße diese Geschichte: Wenn zwei Autofahrer zusammenstoßen, dann bringt es nichts, stundenlang zu lamentieren, wer nun schuld ist; sondern zuerst einmal Platz zu machen, damit die anderen wenigstens weiterfahren können.

Es gibt auch Geschichten im Alten Testament, wo wir mit der Nußregel weiterkommen. Ich lese euch eine Geschichte vor, da spricht auch ein Tier, und ihr sollt mir anschließend sagen, welche Kernaussage diese Geschichte hat.

Lesung: der Sündenfall (Schale: der Baum, die Schlange, Adam und Eva, das Paradies. Kern: der Mensch in seiner Freiheit kann sich gegen Gott entscheiden. Wenn er sich gegen Gott entscheidet, dann kommt daraus Unglück).

Eine *andere Idee* findet sich bei Blasig, *Sonntag für Kinder* 3, S. 31 ff: „Gottes Sprache im Menschenwort", erklärt an den Zeichen der Bibel und eines Tonbandgerätes.

Im Jahreskreis — V. Zehn Gebote

83. Den Weg der Gebote gehen!
(Bergschuhe)

Der Prediger erzählt von Ferien in den Bergen. Möglichst anschaulich: Eine Bergbesteigung ist anstrengend, Nebel kann aufkommen, Abkürzungen sind gefährlich; man hält sich am besten an die roten Markierungen.

So eine Bergwanderung kann man mit dem Leben des Menschen vergleichen: Es ist anstrengend, zum Ziel zu kommen; aber am Ziel sind alle Strapazen vergessen. Nebel: Das sind die Gefahren, die Versuchungen des Lebens, die verwirrenden Meinungen der heutigen Zeit. Die Markierungen auf dem Weg: Das sind die Gebote Gottes. Du *mußt* dich *nicht* daran halten, du kannst Abkürzungen suchen, aber oft landet man so in einer Sackgasse, und oft ist es viel gefährlicher.

Evangelium: Lukas 10,25—37 (Der barmherzige Samariter). Sobald die Kinder die Geschichte erkennen, können wir sie weitersingen in dem Lied „Zwischen Jericho und Jerusalem". Da heißt die vierte Strophe:
Zwischen Lebensanfang und Ende
liegt der Weg der Barmherzigkeit,
und man braucht bereite Hände
auf dem Weg der Barmherzigkeit.
Sag, willst du vorübergehen,
sag, läßt du den anderen allein?
Sag, willst du die Not nicht sehen,
wem kannst du der Nächste sein? —
Komm, sei bereit,
geh den Weg der Barmherzigkeit!
(*Miteinander*, Kevelaer 1970, S. 79 f)

84. Sinn der Gebote Gottes und der Kirche
(ein Straßenbegrenzungspfahl oder ein Stück Leitplanke; oder eine Boje vom Wasser)

Woher habe ich wohl diesen Pfahl (oder diese Boje). . .? Welchen Zweck hat dieser Pfahl, die Planke, diese Boje? . . .

Man könnte natürlich sagen, so eine Boje engt ja ein Schiff ein. Da wird doch meine Freiheit beschnitten. Oder: Warum nur die enge Straße? Aber du weißt: Bei Nebel, bei Dunkelheit, bei Schnee, da ist jeder froh, wenn er solche Orientierungszeichen hat. Sie sind ja nicht zur Willkür aufgesetzt, sondern wollen, daß wir den richtigen Weg finden. Natürlich muß man sich nicht unbedingt daran halten. Aber ihr wißt sicher, was dann passiert: Man kann im Straßengraben landen, oder ein Schiff läuft an seichten Stellen auf Felsen oder Sand auf.

So ist es auch mit den Geboten, die manchmal deine Mutter oder dein Vater aufstellen. Sie wollen dich nicht unbedingt einengen, sondern sie haben die Sorge: Du könntest irgendwo „zerdeppert" landen. Manchmal tun natürlich die Eltern des Guten zuviel. Aber sie wollen dein Bestes. Das heißt auch nicht, daß man sich mit den Eltern nicht über Verbote und Gebote unterhalten sollte, wieweit sie sinnvoll sind. Manchmal geht es auch mit Kompromissen.

So hat auch Gott Gebote aufgestellt. Auch die Kirche. Nicht um uns zu ärgern. Wer sich nicht daran hält, wer in großer Freiheit macht, muß damit rechnen, irgendwo anders zu landen. Aber es sind Gebote, die wie von einer guten Mutter aufgestellt sind, um ihr Kind vor dem Schlimmsten zu bewahren. Ich glaube, so müßte man die Gebote sehen. Sie sind Orientierungspunkte. Leitplanken. Geländer, an denen ich mich an schwierigen Stellen festhalten kann.

Evangelium bzw. Lesung: Die Zehn Gebote; Anweisungen von Jesus; Anweisungen der Apostel; vielleicht auch einige Bestimmungen der Kirche.

Siehe auch Zeichenpredigt Nr. 11 (Eine Stütze sein).

Im Jahreskreis — VI. Sakramente

85. Sakramente wollen helfen
(SOS-Lebensrettungsring)

Wozu gebraucht man einen solchen Ring? Dieser Rettungsring hilft uns, leichter über Wasser zu bleiben. Er kann uns das Leben retten. So hilft uns Gott durch seine Sakramente, daß wir uns leichter im Leben über Wasser halten. Wodurch noch . . .? Wir müssen aber zugreifen, mittun, mitwirken, sonst nützen die Hilfen Gottes uns nichts, sonst gehe ich eben das Risiko ein zu versinken.

Evangelium: Der reuige Verbrecher am Kreuz;
Zachäus (Ich muß mitwirken).

86. Die Sakramente der Kirche als Hilfsmittel auf unserem Weg zu Gott
(eine Arzttasche, darin eine violette Stola, eine weiße Stola, eine Krankenburse mit Inhalt, das Krankensalbungsgefäß, ein Wasserkännchen, ein kleines Schwert, ein Kelch)

Aus diesem Vorschlag kann man vielleicht besser eine Predigt*reihe* machen.

Was meint ihr, was das für eine Tasche ist? . . . Und was ist alles in einer solchen Arzttasche drin? . . . (Spritzen, Medikamente, Binde zum Abbinden . . ., also Hilfsmittel zur Rettung eines Menschen.)

Ich möchte heute von dieser Arzttasche sagen: Ich habe sie umgewandelt in einen Hilfekoffer der Kirche: Was bietet die Kirche an zur Rettung des inneren Menschen? Aber das müßt ihr mir verraten, was diese Gegenstände bedeuten sollen.

Zuerst holt der Prediger die *violette Stola*: Wo habt ihr die schon gesehen? Erarbeiten: Die Beichte – sie ist Hilfsmittel der Kirche für die, die vom Wege abgekommen sind, um sie wieder umkehren zu lassen; neu anfangen zu lassen.

Als nächster Gegenstand die *Krankenburse*. Der Prediger erzählt, wie der Priester oder der Diakon die Kommunion zu Kranken bringt; Kommunion als Nahrung gegen den inneren Hunger; Hilfsmittel für neue Kraft und zur Sündenvergebung.

Als nächstes das *Salbölgefäß*. Für jeden Christen eine Hilfe in Lebensgefahr, in jeder schweren Krankheit. (Hier kann auch Genaueres gesagt werden, wie das Sakrament gespendet wird.)

Wasserkännchen als Zeichen für die Taufe. Beginn des Lebens mit Gott; Weihe gegen das Böse; Abwaschen von Schuld; Eingliederung in die Kirche; Mittel, uns neue Kraft zu geben.

Das *Schwert* weist auf die Firmung hin. Wir werden durch die Salbung des Bischofs mit Chrisam mündige Christen; sind stärker gegen alle Angriffe der Umwelt. Es soll nicht heißen, daß wir mit dem Schwert um uns herumschlagen sollen.

Weiße Stola: Zeichen für die Ehe. Vielleicht an zwei Jugendlichen zeigen, wie bei der Eheschließung die Stola um die Hände gewickelt wird, als Zeichen für Jesus, der als dritter in diesen Bund tritt; der die schwachen menschlichen Kräfte stärken will.

Kelch: Zeichen für die Priesterweihe. Es sollen immer wieder neue „Ärzte" heranwachsen, die diese Hilfsmittel der Kirche auch austeilen.

Wenn das Ganze als Predigtreihe dargeboten wird, könnte man am Ende jeweils das Durcheinander dieser Sakramente von Kindern in die richtige Reihenfolge legen lassen.

Die Reihenfolge, in der die Sakramente in der Schule durchgenommen werden.
Evangelium: Taufbefehl; Heilung des lahmen Mannes; Salbung des Kranken bei Jakobus. Oder die Texte, die bei der Sakramentenspendung in der Regel als Evangelium genommen werden.
Siehe auch Zeichenpredigt Nr. 11 (Eine Stütze sein).

Im Jahreskreis — VII. Eine Brücke schlagen zu den Stiefkindern der Gesellschaft

87. Eine Brücke schlagen
   (eine Brücke)

(Die Brücke kann man einige Wochen vorher einer Kindergruppe als Aufgabe stellen; sie darf ruhig meterlang aus bunten Kartonteilen gebastelt werden.)

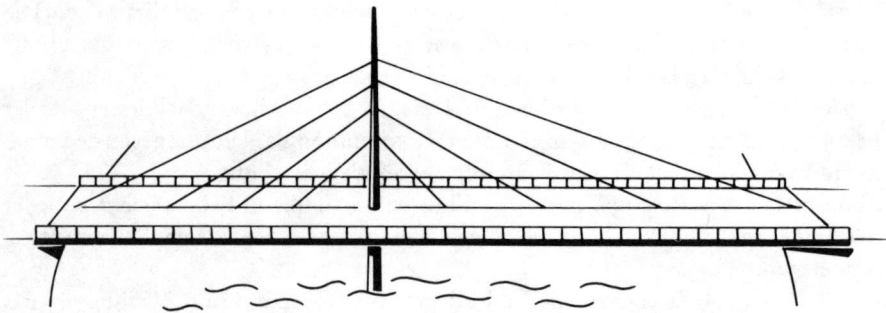

Hält einer allein die Predigt, tritt er bei den entsprechenden Worten immer von der einen auf die andere Seite der Brücke. Man kann auch eine Art Spiel daraus machen, indem drei die Predigt halten: Erwachsene, Jugendliche oder Kinder. Der folgende Vorschlag setzt drei Personen voraus.

1. Person: Ich bin arm. Wo finde ich was zu essen? Ich würde so gerne arbeiten! Womit soll ich meine Kinder ernähren?

2. Person: (steht an der anderen Seite der Brücke)
               Wir haben's! Was sollen wir am Sonntag essen? Hähnchen mit Pommes frites . . .? Darauf habe ich aber kaum noch Hunger! Und zum Nachtisch: einen Teller saure Kirschen mit Schlagsahne? hat das letzte Mal so gut geschmeckt! Ach nein, das drückt so im Magen!

3. Person:	(tritt aus dem Hintergrund vor oder hinter die Brücke) Wir sollen Brücke sein zwischen Verhungern und Mülleimer-Durch-wühlen – und zwischen den Zentnern Brot, die auf den Schulhöfen weggeworfen werden. – *Pause*
1. Person:	Ich bin jung. Alles liegt noch vor mir! Ihr Alten, seid doch ruhig mit eurem ewigen „Gestern", „Damals". Ihr wißt doch gar nicht, was heu-te „in" ist. Wir denken heute eben anders, moderner. Man muß mit der Zeit gehen! „Gestern!?": Ha, ha!
2. Person:	Sicher, ich bin schon alt. Aber warum hört ihr nicht auf mich? Wie ein altes Stück Holz wollen mich viele wegwerfen. Es stimmt, ich komme nicht mehr mit allem zurecht. Aber manches kann ich euch schon noch sagen: Ihr nehmt euch zu wenig Zeit für die Kinder; ihr laßt bei ihnen zu viel durchgehen! Warum betet ihr nicht mit ihnen? Ich habe Augenblicke mitgemacht – Kriege, Flucht –, da hat mir der feste Glaube an Gott sehr geholfen, alles durchzustehen. Wie wollt ihr durchhalten, wenn schlechte Zeiten kommen?
3. Person:	Wir sollen die Brücke sein zwischen Alt und Jung. Manches ist heute überholt. Aber wir sollten mehr zuhören: Nicht alle Erfahrung ist in den Wind zu schlagen. – *Pause*
1. Person:	Ich bin krank. Keiner besucht mich. Wo sind meine Spielkameraden? Keiner hat Zeit (oder: verkrüppelt – gelähmt . . .).
2. Person:	Ich bin gesund. Was machen wir heute? Ins Bad? Schlittschuhlaufen? Fußballspielen? Lieber mit dem Fahrrad? Oder zum Tischtennis?
3. Person:	Wir sollten Brücke sein zwischen Gesunden und Kranken. Wir sollen die Verbindung schaffen. Dankbar sein für das, was wir als selbstver-ständlich hinnehmen. Und anderen Zeit und Verständnis widmen. (Hier können auch noch konkrete Vorschläge folgen, wo der Anfang gemacht wird.)

Evangelium: Ein Beispiel für die Brücke zwischen Arm und Reich; ein Beispiel, wie wir es nicht machen sollen: Lukas 16,19–25 (Reicher Prasser – armer Lazarus).

88. Außenseiter ernst nehmen!
(ein Opal; diesen Edelstein bitte im Juwelierladen leihen)

Hier habe ich einen Edelstein. Einen echten. Er sieht unscheinbar aus. Matt, ohne Glanz. Du kannst ihn leicht übersehen. Aber paß auf, was ich mache: (Der Prediger nimmt den Opal in seine Hand und spannt die Handfläche darum, wärmt ihn.)
Wenn ich die Hand jetzt öffne, ist ein kleines Wunder geschehen: Der Stein, der so glanz-los war, strahlt jetzt in den herrlichsten Farben. Ich weiß nicht, ob es alle hinten sehen kön-

nen. Dieser Edelstein ist ein Opal, ein sogenannter sympathetischer Stein. Er braucht nur die Berührung mit einer warmen Hand, um seinen Glanz zu zeigen.

Liebe Jungen und Mädchen, es gibt vieler solcher Opale um uns herum, die so unscheinbar sind. Damit meine ich Menschen: Jungen und Mädchen, die abgeschrieben sind, beiseitegeschoben, übersehen werden; junge und alte Menschen. Die bekommen sofort Glanz in die Augen und ins Gesicht: durch einen herzlichen Handschlag, ein liebes Wort, einen Blick, der ermuntert, ein hilfreiches Mitanpacken, wenn wir sie annehmen und Kontakt suchen.

Evangelium: Mattäus 9,10–12 (13) (Jesus ist für die Kranken gekommen); oder: Zachäus – Mattäus – Die Ehebrecherin.

89. Gebt den „Kellerkindern" mehr Chancen!
(eine blühende Topfblume und eine Kartoffel mit langen Keimen)

Welche Bedingungen muß diese Blume haben, damit sie so blühen kann wie jetzt? . . . (Licht, Wasser, Erde)

Diese Kartoffel – ich habe sie aus meinem Keller geholt – hatte wenig Licht. Also: wenig gute Bedingungen. Aber sie wollte etwas hervorbringen. Ihr seht ja, wie lang schon die Keime sind. Aber bei diesen schlechten Bedingungen darf ich natürlich nicht so große Erwartungen haben. Sie kann das nicht leisten, was die blühende Topfblume leistet.

Es gibt viele solcher „Kellerkinder": Jungen und Mädchen, die unter viel schlechteren Bedingungen groß werden als ihr . . .

Wir machen es ihnen leichter, wenn wir ihnen mehr Licht schenken, mehr Aufmerksamkeit; mehr Chancen, ihre Keime kräftiger werden zu lassen. Wir sollten nicht enttäuscht sein, wenn der eine oder andere Keim bricht, weil er zu schwach ist. Ihr seht ja hier an der Kartoffel, wie stark der gute Wille da ist, etwas hervorzubringen. Und das finden wir auch bei vielen Menschen, die wir schon abgeschrieben haben. (Nach einer Idee meines Ministranten Robert Schulte)

Evangelium: Der Verbrecher am Kreuz, der Reue zeigt. Er zeigt auch seinen guten Willen.

90. „Lahme" heilen
(eine Krücke oder ein Behindertenfahrstuhl)

Was könnte das sein . . .? Was ist mit dem wohl los, der mit solch einer Krücke leben muß? Wir nehmen das immer als selbstverständlich, daß wir Hände und Füße und den ganzen Körper bewegen können. Schaut euch mal bei diesem Kind jetzt an, was die Hände und Füße und der ganze Körper alles leisten müssen (ein Kind mit einem Sprungseil macht einige Sprünge).

Das kann ein Behinderter nicht . . . Wie dankbar müßten wir also sein. Und aus dieser Dankbarkeit müßte Verantwortung erwachsen, mehr Verantwortung für Behinderte. Aber es gibt noch viel Schlimmeres: Menschen, die innerlich behindert sind. Sie tragen vielleicht an einem tiefen Leid, das sie hindert, noch zu lachen und sich zu freuen. Oder sie haben einmal einen großen Fehler gemacht, an den sie zeitlebens denken müssen, ohne davon loszukommen. Oder sie fühlen sich immer geduckt, sie werden in der Klasse oder am Arbeitsplatz mit Worten immer wieder „fertiggemacht" . . . Diese Jungen und Mädchen, diese Männer und Frauen fühlen sich innerlich gelähmt und schwächer und isoliert. Unser Verständnis für sie ist auch sehr wichtig. Von solcher Lahmheit befreit zu werden, ist oft eine noch größere Sehnsucht, als laufen zu können. Dazu gibt es eine ganz interessante Geschichte aus der Bibel.

Evangelium: Markus 2,1–12 (Die Heilung des lahmen Mannes. Jesus heilt zuerst die innere „Lahmheit" – sie ist viel wichtiger –, dann die äußere „Lahmheit").

91. Die innere Blindheit
(ein Blindenstock oder eine Blindenarmbinde)

Zuerst die Kinder erraten lassen . . . Blindsein ist ein furchtbares Schicksal. Überlegt mal: Nie etwas sehen können, kein Fernsehen, keine Farben, kein Meer, keine Berge . . . Vor allem auch, sich nicht richtig bewegen können.

An dieser Stelle sind zwei Experimente möglich:

a) Alle einen Moment die Augen zumachen lassen und sich überlegen: So ein ganzes Leben lang!

b) Ein Kind kommt nach vorne, soll um den Altar herumgehen, bekommt dann eine Augenbinde angelegt und soll noch einmal um den Altar herumgehen; die Unsicherheit, das Tasten wird sichtbar.

Aber es gibt noch etwas viel Schlimmeres. Nämlich: Innerlich blind zu sein: für das Gute, das einem andere antun wollen; einmal den ersten Schritt zu tun; sich einmal beschenken zu lassen; einmal nachzugeben; nicht immer alles vom Verstand her zu beurteilen . . . Mit solchen Menschen zusammenzuleben, ist viel schwieriger als mit einem Blinden, und schlimm ist auch, blind zu sein für Jesus; in ihm nicht das Ziel des Lebens zu sehen; an ihn nicht glauben zu können.

Es bleibt uns nichts anderes übrig: Auch sie an die Hand zu nehmen und zu führen; viel Geduld zu haben; vor dem Stolpern zu bewahren.

Jetzt versteht ihr auch einen Mann in der Bibel. Der Mann ist so glücklich, er springt vor Freude herum. Dieser Mann war doppelt blind: äußerlich und innerlich. Und er kommt zum Sehen: Erst äußerlich – und dann erkennt er auch Jesus als *das* Ziel des Lebens. Jetzt sieht er mit den Augen Gottes – und nur mit dem Herzen siehst du gut. (Siehe auch: Angulanza, *Kinder*, S. 42 ff)

Evangelium: Markus 10,46–52 (Der blinde Bartimäus, am besten nach Steinwede, *Zu erzählen deine Herrlichkeit*, S. 65 f).

Am Ende des Evangeliums: Herr, öffne auch uns die Augen, daß auch wir sehen.
Siehe auch noch Zeichenpredigt Nr. 128 (Keiner ist verloren)

Im Jahreskreis – VIII. Sonstiges

92. Kirchensteuer
(100 Ein-Mark-Stücke, aufgeschichtet in 10er Päckchen)

Zuerst muß der Prediger den Begriff Kirchensteuer erklären. Vielleicht aufzählen, was der einzelne Vater monatlich zu bezahlen hat.

Stellen wir uns vor: Diese 100 Geldstücke sind all das Geld, das durch die Kirchensteuer einkommt. – Wieviel Geldstücke muß ich auf die Seite schieben, um all die Leute zu bezahlen, die in der Kirche arbeiten: die Priester, die Pfarrassistentinnen, die Küster, Hausmeister, Organisten, die Angestellten aus dem Kindergarten, in katholischen Altersheimen, in katholischen Krankenhäusern . . .? Das sind die Personalkosten. Nachdem die Kinder geraten haben, werden 60 Ein-Mark-Stücke auf die andere Seite geschoben. (Diese Zahl ist immer wieder am augenblicklichen Stand zu überprüfen.)

Was meint ihr, wieviele Geldstücke ich wegschieben muß für Bauten, für Kirchen, für Reparaturen, für neue Heime, für neue katholische Schulen, für neue Altersheime, Kindergärten? Es werden 20 Geldstücke verschoben (8 für Kirchen, 12 für caritative Einrichtungen).

Dann muß noch gedacht werden an die Mission, an Entwicklungshilfe, an einen Ausgleich zwischen armen und reichen Diözesen, an die Diaspora . . . wieder werden 14 Geldstücke verschoben.

Merkt ihr, wo das Geld bleibt? Und dann meckern manche Leute und sagen, wozu noch Kollekten? Aber allein die Heizung für unsere Kirche kostet . . . DM. Für die Inneneinrichtung einer Kirche muß die Gemeinde selbst aufkommen (hier kann jeder Pastor sein Herz ausschütten). Manche neuen Gemeinden sind auf Jahre hinaus verschuldet.

Ihr seht: Auch in der Kirche ist das Geld wichtig, aber es gibt noch Wichtigeres. Was sagt Jesus dazu?

(Nach dem Anspiel von Johannes Kuhn „Hundert Markstücke erzählen“ auf der Credoschallplatte Nr. CZ-S 2 „Kirchensteuer“)

Evangelium: Mattäus 19,16 ff (Der reiche junge Mann).

93. Freundschaft

(ein gesunder und viele faule Äpfel)

Die habe ich aus dem Keller mitgebracht. Was geschieht, wenn ich diesen gesunden Apfel neben die angefaulten lege? . . .

Ja, ich will nicht vom Einkellern reden; stellt euch vor, das sind Personen. Eine gute Person trifft auf weniger gute, manchmal schlechte. Wer setzt sich durch? Frag dich bei deinem Freund: Ist er ein guter Freund? Bist du ein guter Freund? Wer steckt wen an? Setzt sich eher das Gute durch oder das Schlechte?

Wenn du dir sagen mußt, mein Freund hat mich schon manchmal zum Schlechten verführt, dann würde ich nichts erreichen, wenn ich dir sage: Brich diese Freundschaft ab. Aber du mußt kritischer werden. Laß dich weniger vom Schlechten anstecken. Versuche umgekehrt, ihn anzustecken zum Guten. Denn Jesus will, daß das Gute siegt.

(Wieweit ist dieses Bild vergleichbar mit dem schlechten Einfluß durch manche Bücher, manche Filme?)

Jetzt könnt ihr auch besser folgende Stelle in der Heiligen Schrift verstehen:

Evangelium: Mattäus 7,17.18.19.20.15 (An ihren Früchten werdet ihr sie erkennen).

Bei dieser Predigt kam es bei uns zu Diskussionen in der Gemeinde, weil nicht nur Freunde kritisch begutachtet, sondern auch manche Eltern infragegestellt wurden. Was sollen Kinder machen bei „schlechten Eltern"? Soll man sie den Eltern wegnehmen? – Ein weiterer Diskussionspunkt war die Frage: „Ist dein Freund schon schlecht, wenn er nicht an Gott glaubt; wenigstens eine Gefahr für einen Glaubenden?"

94. Der Altar

(ein Altarstein)

Heute habe ich etwas ganz Schweres mitgebracht . . . Es stammt sogar aus einer Kirche. Schau dir mal diesen Stein genau an. Ja, da sind fünf Kreuze darauf. In jedem Altar ist so ein Stein. Deshalb nennt man ihn Altarstein. Als wir vor einiger Zeit den Nebenaltar abgebrochen haben, da haben wir diesen Stein aufbewahrt. Denn darin sind noch Überreste von heiligen Menschen (Reliquien). Wenn du so willst: Es ist ein kleines Grab. Früher, in den Katakomben, wurden immer über den Gräbern der Menschen, die für Christus gestorben waren (Märtyrer), Altäre errichtet. Und etwas davon ist bis heute überall geblieben.

Früher habe ich euch schon einmal erzählt, daß der Altar an Christus erinnern soll. Das könnt ihr sehr gut beobachten, wenn der Priester im Hochamt mit dem Weihrauchfaß um den Altar herumgeht, den Altar beweihräuchert und damit Jesus ehren will. Die Reliquien in diesem Altarstein sollen uns aber auch daran erinnern, daß mit Jesus und uns allen, die wir jetzt hier sind, auch noch alle Heiligen hier zugegen sind. Wenn der Priester zum Beginn der Messe die Altarstufen hochgeht und den Altar küßt, dann tut er es genau auf diesen Stein und betete früher: „Durch die Verdienste der Heiligen, deren Reliquien hier ruhen, und *aller* Heiligen, verzeih mir gnädig alle Sünden."

Auch im Kanon der Messe werden oft die Heiligen aufgezählt. Auch wenn Jesus einmal sichtbar wiederkommt, dann im Kreise seiner Heiligen.

Wenn du nächstens siehst, daß der Priester am Anfang und am Ende der heiligen Messe den Altar küßt, besser den Altarstein küßt, dann denk daran: Ich bin jetzt nicht allein.

Evangelium: Vielleicht eine Stelle aus dem Alten Testament, wo der Ort, an dem ein Altar aus Steinen errichtet wurde, besonders gesalbt wurde.

(Grundidee bei Zenetti, *Kinderwelt und Gotteswort*, S. 60 ff. Aus diesem Teil des Buches lassen sich noch mehr Predigten ableiten, z.B. eine *Schelle* mitbringen.)

95. Vom Sinn der Predigten

(ein *schmutziger* Kartoffelkorb oder ein Kartoffelkörbchen)

Jeden Sonntag hört ihr eine Predigt. Vielleicht habt ihr schon Hunderte mitbekommen. Wenn ich euch jetzt frage, was wißt ihr noch davon, dann werden vielleicht einige von euch sagen: Das nützt ja doch alles nichts, daß wir immer wieder diese Predigten hören, die gehen hier rein und da raus.

Ich will euch heute zeigen, daß es doch Sinn hat, sich immer wieder Predigten anzuhören.

Kommst du mal her! Wenn du dir diesen Korb näher betrachtest, dann stellst du etwas fest . . . (Er ist sehr schmutzig.) An diesem Korb will ich dir zeigen, wie sinnvoll die Predigten sind. Das kannst du dir noch nicht vorstellen. Aber stell dir vor, ich schicke dich jetzt mit diesem Korb zu der Wasserleitung in der Sakristei und sage: Hol mir diesen Korb voll Wasser. Nein, du dürftest dich jetzt nicht wehren, das zu tun. Wenn du jetzt zurückkämst mit diesem Korb, was wäre mit dem Wasser . . .? (Es wäre alles durch den Korb gelaufen.)

Und stell dir vor, ich schicke dich noch zweimal denselben Weg, und du fragst dich schon innerlich: Vielleicht ist der jetzt übergeschnappt; da werde ich ja nie Wasser hineinkriegen. Wenn du zum dritten Mal wiederkommen würdest, dann würde ich sagen: Schau dir den Korb genau an. Du hast mir zwar kein Wasser darin bringen können, aber mit dem Korb ist doch etwas geschehen. Frage an euch alle: Was ist mit diesem schmutzigen Korb geschehen . . .? (Er ist sauberer geworden.)

Und das ist der Sinn der Predigten: Es mag vieles hier hinein- und da hinausgehen. Aber, wenn du dich wirklich darauf eingelassen hast, du bist innerlich sauberer, besser geworden – oder nicht?!

(Nach einer Geschichte aus Erich Getto, *Alltag in Kurzgeschichten* 2, München 1961, S. 71–73)

Zeichenpredigten zum Ende des Schuljahres

96. Gegen das Leistungsdenken
   (ein Zeugnis)

Diese Predigt bringt mir wahrscheinlich viel Ärger. Aber das ist andern auch schon so gegangen. Was glaubt ihr, was ich von diesem Zeugnis halte?
Ich würde es am liebsten zerreißen, aber ich tue es nicht: Weil du und du und du zu faul bist. Und die Jugendlichen würden hinten sagen: Ohne gutes Zeugnis bekomme ich keine gute Stelle. Ich möchte es gerne zerreißen, weil zu viele Eltern glauben: Wenn mein Kind gute Noten hat, dann habe ich gute Kinder. Gute Noten = gute Kinder, das stimmt nicht. Und doch werdet ihr oft danach beurteilt. Klappt es in der Schule, dann dürft ihr alles. Klappt es nicht, dann wird alles eingeschränkt: Fernsehen, . . . Oft tun wir so wie Leute, die nichts von Gott wissen.
Ich will euch ein Beispiel erzählen aus unserer Pfarre: Ein Mädchen las regelmäßig zweimal in der Woche einem blinden Mädchen aus einem Buch etwas vor. Eines Tages kommt dieses Mädchen und sagt, ich habe jetzt dafür keine Zeit mehr, ich muß mehr für die Schule tun. Nun wußte ich zufällig, daß dieses Mädchen in der Schule sehr gut steht und es sich jetzt wahrscheinlich nur in Erdkunde von einer Drei auf eine Zwei arbeiten will. Ich habe ihm gesagt, auch auf die Gefahr, mit seinen Eltern Krach zu kriegen: Besser die Drei auf dem Zeugnis, als daß du aufgibst. Dem blinden Mädchen Gesellschaft zu leisten, ist wichtiger in deinem Fall.
Wenn mit dem Tod alles aus ist, dann zählt nur die Leistung. Wenn aber nicht: Wieso werden wir dann in dieser Gesellschaft nur aufs Geldverdienen abgerichtet? Wir wissen doch, daß Geld allein nicht glücklich macht. Wir müssen zwar das Leistungswettrennen bis zu einem gewissen Punkt mitmachen, aber im Letzten müssen wir darüberstehen. Denn in der Bibel stehen andere Maßstäbe. Da steht:
Evangelium: Mattäus 25,31 ff (Ich war hungrig – und ihr habt mich nicht gespeist . . .).
Danach gibt es Noten. Hier steht nichts von Biologie, Rechtschreiben. Also, liebe Eltern: Nie denken: Gute Noten = gute Kinder. Ich weiß, es geht nicht ohne Leistungen, ich will auch keine Faulheit unterstützen, aber für einen Christen ist noch etwas anderes wichtiger: Wie wir vor Gott stehen.
Und um genau diese Mitte zu zeigen, zerreiße ich das Zeugnis – nur zur Hälfte.
(Diese Zeichenpredigt wurde inspiriert durch Kugler/Lindner, *Neue Familiengottesdienste*, S. 63–69.)
Siehe Zeichenpredigt Nr. 108: *Für* das Leistungsdenken.

97. Das Zeugnis am Ende des Lebens
(ein selbstgemachtes Zeugnis)

Hier habe ich ein Zeugnis . . ., ein besonderes Zeugnis. Darauf stehen nur zwei Fächer. Es ist unser Lebenszeugnis. Das Zeugnis, das uns am Ende unseres Lebens vorgehalten wird. Ratet einmal, wie die beiden Fächer heißen, in denen wir Noten kriegen . . .
Die beiden Fächer heißen:
1. Hast du den Menschen neben dir geliebt?
2. Hast du Gott deine Liebe gezeigt?
Nur das werden wir gefragt. Nur die Liebe zählt. Und die Prüfungszeit dauert unser ganzes Leben. Vergeßt das nicht bei euren Zeugnissen. In Mathe eine gute Note zu haben und in Deutsch . . . ist zwar wichtig fürs Leben, aber nicht entscheidend. Denn Gott kennt andere Maßstäbe!
Evangelium: Hauptgebot der Liebe.

98. Wo liegt der Sinn des Lebens?*
(ein Pustefix, vielleicht zur Kirmes im Ort)

Zuerst die Kinder den Gegenstand erraten lassen, auch den Vorgang. (Zuerst dachte ich auch, es würden sich „unheilige" Szenen im Kirchenraum abspielen, wenn ich vormache, wie eine Seifenblase nun durch den Raum schwebt; aber die Reaktion der Gemeinde war zufriedenstellend.) Ihr seht eine wunderschöne Seifenblase, herrlich in ihren Farben, besonders in der Sonne, dann macht es „blubb", und die ganze Herrlichkeit ist zuende.
So ist das oft im Leben. Ein Kind will ein bestimmtes Spielzeug haben. Es quält und drängelt. Aber wenn es dies besitzt, ist es nicht mehr attraktiv; nach fünf Minuten liegt es bei dem anderen Spielzeug in der Ecke. Oder: Nach Fahrrad, Moped, Auto will der Vater nun eine Segeljacht. Dann meint er, richtig froh und glücklich zu sein. Er legt sich dafür krumm. Aber wenn er alles erreicht hat, merkt er, daß er innerlich doch dadurch nicht zufriedener geworden ist. Oder: Das Mädchen träumt von einem Jungen, von einem starken, bei dem es geborgen ist, und irgendwann wollen sie heiraten. Das große Glück! Aber spätestens dann, wenn einmal die Kinder wieder aus dem Haus gezogen sind, fragt man sich: Es war zwar schön, aber ist das alles? Oder: Ich erstrebe einen Beruf, ich setze mich durch, ich steige Stufe um Stufe, vielleicht werde ich sogar von Menschen bewundert, aber irgendwann merke ich, das ist zwar gut, dieser Beruf, aber ist das alles?
Immer geht es mir so wie mit der Seifenblase: Wenn ich zugreife, wenn ich das Glück, das Schöne festhalten will, dann macht es „blubb", und ich bin doch nicht zufrieden. Was fehlt uns zur inneren Zufriedenheit? Zum wirklichen Glück?

*Die folgenden sieben Predigten eignen sich besonders für Schulentlaßfeiern, aber auch für Ansprachen bei Vereinsjubiläen usw.

Ob uns die Bibel eine Antwort gibt?

Evangelium: Sätze aus Matthäus 5,1–12; oder das Hauptgebot; oder der Sündenfall (nach Steinwede). Auch hier zeigt sich ja bei den ersten Menschen: Sie haben alles darangesetzt, das vermeintlich Schöne und Glücklichmachende zu erreichen. Hat man es erreicht, ist man klüger und merkt: *Das* Glück liegt doch woanders.

99. Gemeinsam sind wir stärker
(ein Bündel Stäbe)

(Von einer Gruppe ca. 40 Stecken schneiden lassen, damit das Bündel so stark wird, daß es ein Erwachsener *mit Händen* nicht brechen kann.)
Wer kann dieses Bündel Stäbe so mit den Händen brechen? (Der Prediger hat das Bündel mit beiden Händen hochgehoben; er kann selbst starke Väter ruhig ein wenig herausfordernd angucken.) Nachdem sich keiner gemeldet hat, sagt der Prediger: „Ich kann es!" Er zieht einen Stecken aus dem Bündel heraus, bricht ihn durch und sagt: „Und so mache ich es nacheinander mit allen Stäben, und dann habe ich das Bündel gebrochen!"
Was will ich wohl damit sagen . . .? Der einzelne ist schwach, ihm kann man schnell „das Rückgrat brechen", in der Klasse, an der Arbeitsstelle.
(Jetzt können einige Beispiele folgen, z.B.: Ein einzelner kann gegen die Not der Dritten Welt nicht viel ausrichten oder gegen einen Schläger in der Klasse . . .) Auch für die Gemeinde, die jetzt in der Kirche ist, ist das Erfahren der Gemeinschaft wichtig: Wenn wir hier sonntags in dieser großen Zahl zusammenkommen, ist das eine Hilfe für wochentags. Dann habe ich nämlich oft den Eindruck, ich stände mit meinem Glauben an Christus allein.
(Vgl. auch Blasig, *Sonntag für Kinder* 2, S. 103 ff „Oekumene")
Lesung (mit weiteren Gesichtspunkten): 1 Korinther 12,12 ff (Leib – Glieder)

100. Auf jeden kommt es an!
(eine Schraube)

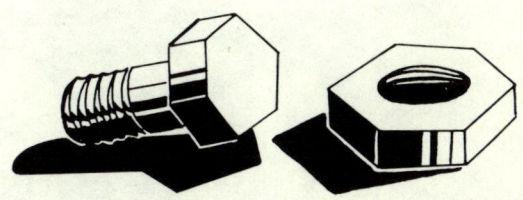

Zu dieser Schraube hier will ich euch eine Geschichte erzählen: Diese kleine Schraube hielt in einem riesigen Panzerschiff mit tausend anderen kleinen Schrauben zwei Stahlplatten zusammen. Eines Tages sagte diese Schraube: „Ich will es mir mal ein bißchen bequem machen; das ist ja meine eigene Sache und geht niemand etwas an!" Aber als die anderen Schrauben hörten, daß sie etwas locker werden wollte, protestierten sie und riefen: „Bist du verrückt? Wenn du herausfällst, dann wird es nicht lange dauern, bis auch wir herausfallen." Und zwei große eiserne Rippen schlugen auch Alarm: „Um Gottes willen, haltet die Platten zusammen, denn sonst ist es auch um uns geschehen!" Und in Windeseile ging das Gerücht von dem, was die kleine Schraube vorhatte, durch das ganze Schiff. Alles war entsetzt. Der riesige Körper des Schiffes ächzte und bebte in allen Fugen. Und alle Rippen, Platten und Schrauben sandten eine gemeinsame Botschaft an die kleine Schraube und baten sie darin, doch nur ja fest zu bleiben, sonst würde das ganze Schiff untergehen und keiner würde den Hafen erreichen. (Vgl. Schreibmayr/Tilman, *Handbuch zum Katholischen Katechismus* III,1, 3. Aufl., Freiburg 1963, S. 228)

So eine kleine Schraube bist du oder ich im Riesengefüge, im Riesenkörper der Menschheit. Und – ob Müllabfuhr, ob Professoren – alle sind wichtig, um das Ganze am Leben zu halten. Der eine braucht nicht niedergeschlagen zu sein wegen seiner kleinen Aufgabe; der andere braucht nicht überheblich zu werden. Bei Streiks der Müllabfuhr habt ihr ja schon gesehen, wie schnell ganze Städte in Gefahr geraten können.

Es ist also egal, was ich im Leben an Aufgaben zu erfüllen habe. Entscheidend ist: *Wie* ich meine Aufgaben erfülle.

(Diese Predigt hätte bis hierhin auch einer von der Regierung halten können oder einer aus irgendeinem Verein. Aber, auf die Kirche übertragen, ist das genauso: Da, wo du stehst, bist du wichtig. Denn auch die Kirche ist wie ein riesiger Körper, an dem jedes Glied wichtig ist.)

Lesung: s. Zeichenpredigt Nr. 99.

101. Auf jeden kommt es an
   (eine Orgelpfeife)

Wie bei den vorangegangenen Predigten gehe ich von der Pfeife aus, erzähle, daß sie in der Orgel eine von vielleicht tausend ist, wie es aber genau auf diese Pfeife ankommt, damit der volle Klang erreicht wird.

Lesung: s. Zeichenpredigt Nr. 99.

102. Auf jeden kommt es an
   (ein Puzzle)

(Der Kindergarten hat sehr große Puzzle-Spiele, vielleicht eine Weltkarte.)
Auch hier ist wieder wie bei den vorangegangenen Predigten zu zeigen: Die Menschheit,

auch die Gemeinschaft der Kirche, setzt sich aus vielen Einzelteilen zusammen. Solange ein Teil fehlt, ist das ganze Bild nicht komplett; es fehlt etwas. Jeder ist wichtig.
Lesung: s. Zeichenpredigt Nr. 99.

103. Auf jeden kommt es an
   (ein Mobile)

(Das Mobile hängt so, daß eine brennende Kerze darunter das Mobile ständig in Bewegung hält.)
Wer von euch hat so ein Mobile oder ein ähnliches in der Wohnung hängen . . .? Schaut einmal genau hin und sagt mir, was ihr beobachtet. . . . Das Mobile ist immer in Bewegung, nie ganz still. Die Teile bewegen sich, ohne anzustoßen . . . Alles lebt im Gleichgewicht . . . Wenn ein Teil fällt, dann wäre das ganze in Mitleidenschaft gezogen . . . Alles hängt von einem zentralen Punkt ab und wird von da getragen . . . Alle Teile sind miteinander verbunden . . . Manche Teile drehen sich immer nur um sich selber, aber die anderen Teile halten es . . .
Das alles läßt sich auf eine Gemeinschaft von Menschen übertragen. Versucht es mal . . .
Auch auf die Gemeinschaft der Christen . . . (Vgl. auch den Inhalt der vorigen Predigt.)
Evangelium bzw. *Lesung:* s. Zeichenpredigt Nr. 99 oder Johannes 15,1–5.
(Nach einem Vorschlag von Longardt, *2×12 experimentelle Andachten*, S. 15 ff)

104. Unser Leben – wie auf dem Fußballfeld
   (ein Fußball)

(Auch bei einer Fußballweltmeisterschaft oder einem lokalen Fußballereignis)
Aus folgenden Gesichtspunkten kann man auswählen:
a) Es kommt nicht auf 11 Einzelspieler an, die harmonischere Mannschaft gewinnt. Was nützt der Star, der drei, vier Gegenspieler umspielt und dann doch hängenbleibt? – „Abgeben können"; an die Gemeinschaft denken.
b) Jeder Spieler ist wichtig, ob er in der Verteidigung steht oder im Sturm. Jeder ist auf jeden angewiesen. – Manch einer könnte in seinem Beruf meinen (er tippt vielleicht täglich nur ein paar Schreibmaschinenseiten): Meine Tätigkeit ist ziemlich sinnlos. – Aber jeder ist ein wichtiges Rädchen im Getriebe. Auf jeden kommt es an.
c) Sich einsatzbereit zeigen. Nicht nur laut kritisieren. Nicht immer über Schiedsrichter, Boden, Ball, Mitspieler . . . meckern. – Redner und Meckerer haben wir schon genug, wir brauchen . . .
d) Wenn 100.000 Zuschauer gegen eine Mannschaft brüllen, geht ihr leicht die Linie im Spiel verloren. Manche lassen sich niederbrüllen. – Oft stehen wir gerade mit christlichen

Standpunkten allein. Dann heißt es Rückgrat zeigen; durchhalten; Farbe bekennen; auch gegen den Strom schwimmen können.

e) Kämpfen bis zum Ende, auch wenn eine Niederlage droht. Oft kommt die Wende in den letzten Sekunden. – Mit Hoffnungslosigkeit ist nichts zu gewinnen.

f) Wieviel Schläge, Schrammen und Tritte müssen Spieler einstecken! Aber wer ein Foul heimzahlt, auch wenn es noch so grob war, handelt sich Nachteile ein: Verwarnung, Platzverweis. – Bei „Fouls" im alltäglichen Leben, helfen dann Wut und Rache? Wo es schwierig wird, fängt das Christentum erst an: Das Böse durch das Gute überwinden!

g) Wer richtig gekämpft hat, erhält nach dem Schlußpfiff den Genuß des Sieges (Siegespokal). „Laufet so, daß ihr den Siegespreis erlangt!" – Gott will uns den Siegespreis des ewigen Lebens geben. (Vgl. Quoist, *Herr, da bin ich*, S. 113 ff)

Evangelium: 1 Korinther 9,24.25 (Läufer auf der Rennbahn . . .)

Siehe auch die Zeichenpredigt „Wir sind die *lebendigen* Steine der Kirche" in Hoffsümmer, *Wir freuen uns*, S. 46 f.

Zeichenpredigten zur Ferienzeit (besonders in Ferienlagern)

105. Am Schönsten lauft ihr vorbei!
(Vergrößerungsglas, Ähre, blühender Rosenzweig, Stein, Badehose)

(Auf der Kirchenwand kann auch eine übergroße Brille angebracht sein. Dann müßte man beginnen: Ihr braucht alle eine Brille! Doch, ihr seht viel zu wenig. Die kleinen Dinge am Rande des Weges übersehr ihr . . .)

Mit diesem Vergrößerungsglas siehst du alles genauer. Zum Beispiel diese *Ähre* hier: Der Halm kann 2 Meter lang werden, ist so dünn und trägt doch die schwere Ähre, ohne abzubrechen; selbst im Wind ist er noch so beweglich. Wenn der Mensch es nachbauen wollte, dann dürfte der Kölner Dom unten höchstens 1 Meter Durchmesser haben. Da kann die modernste Technik nicht verhindern, daß ein solches Werk sofort umfallen würde. – Sehen wir das noch? Staunen wir noch darüber?

Oder diese *Rose* hier: Aus denselben Stoffen, die sie aus der Erde zieht, kann sie dieses herrliche Grün der Blätter, dieses zarte Rot der Blüte, ja den scharfen Dorn bilden, der dir die Haut aufkratzen kann . . .

Oder dieser *Stein* hier . . . Wenn ich ihn aufschlagen würde, müßtest du eigentlich vor Staunen die Luft anhalten: Jetzt liegt etwas vor dir, was Millionen von Jahren alt ist . . . Seht ihr das noch? Braucht ihr nicht alle eine Brille . . .?

Oder diese *Badehose* hier. Du kannst natürlich sagen: Och, nur eine Badehose! Aber einer, der die Brille trägt, die ich meine, oder der mehr sieht, der könnte sagen: Ich danke dir

Gott, daß ich überhaupt schwimmen kann; daß wir das herrliche Wasser haben; daß es manchmal so schön warm wird . . .

Soll ich euch beweisen, wie wenig ihr seht von den Herrlichkeiten um uns herum? (Der Prediger stellt sich hinter den herrlichen Blumenstrauß, der – wie jeden Sonntag – neben dem Altar steht:) Wer hat diesen Strauß beachtet, seitdem er in die Kirche kam . . .? (Aufzeigen lassen)

Also, die Brille, die ich euch nicht nur für die Ferien wünsche: Schaut genauer hin, um mehr zu sehen. Und nur, wer die kleinen Dinge am Wegrand wieder sieht, wird auch den Blick für die innere Not seiner Mitmenschen haben . . .

Evangelium: Mattäus 6,26–31 (Seht die Vögel . . .!)

106. Wir sind nur Gast auf Erden
(ein Zelt, verpackt oder aufgebaut)

Zuerst erraten lassen . . . Wer ist schon mal im Zeltlager gewesen . . .? Oder wer hat einen Campingwagen?

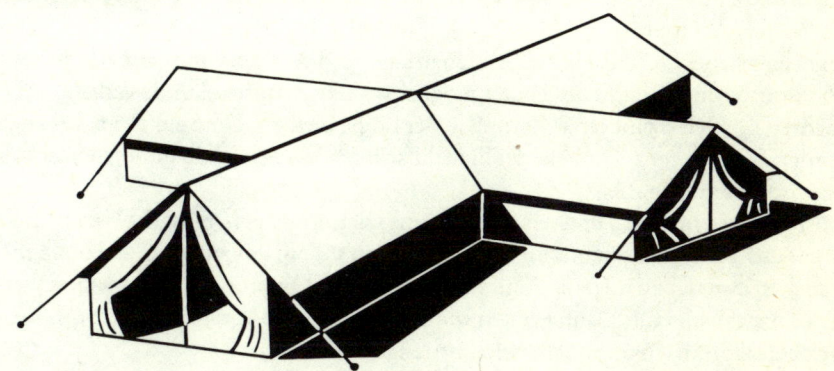

a) Das Zelt schützt vor Regen, Wind und Dunkelheit. Hierhin können wir uns auch zurückziehen, wenn wir mal dem Trubel entfliehen wollen. Im Zelt sind wir geborgen. Die Kirche soll das Zelt Gottes unter den Menschen sein. (Die Bundeslade, das Zelt Gottes bei den Israeliten in der Wüste als Urform.) Die Kirche soll Zufluchtsort sein. Wohin man sich einmal im Trubel zurückziehen kann. Zu sich selbst kommen kann. Und manchmal soll man auch die Sorgen vor der Tür lassen können.

b) Ein Zelt kannst du schnell abbrechen und woanders wieder aufbauen.

Das Zelt kann uns auch daran erinnern, daß wir Menschen unterwegs sind, nicht seßhaft werden dürfen, um den Blick, die Wanderschaft auf Gott nicht aus dem Auge zu verlieren. „Wir sind nur Gast auf Erden."

Evangelium: Offenbarung 21,3–4 (Gott wird einmal mitten unter uns wohnen; sichtbarer und intensiver als jetzt im Jenseits); 2 Korinther 5,1.6.7.9a.10 (Wenn unser irdisches Zelt abgebrochen wird).

(Diese Idee ist auch aufgegriffen bei Nastainczyk, *Zeichenpredigten*, S. 310ff, und bei Sauer, *Verkündigung*, S. 176ff.)

107. Was ein Schi dir sagen kann
   (ein Paar Schier)

(Predigt in den Winterferien)

a) Diese Schier lassen sicher manche Herzen höher schlagen. Wer ein bißchen Ahnung vom Schifahren hat, der weiß: Die Schier müssen immer nebeneinander liegen, dann kann nichts passieren. In den Kurven (= Schwierigkeiten im Leben) wird es manchmal gefährlich, dann ist das eine Brett mehr belastet als das andere. – So ist das auch mit der Gottes- und Nächstenliebe: Je nach Situation ist mal die eine und mal die andere Seite des Hauptgebotes „belastet", aber wichtig ist: Beide müssen immer „Hand in Hand" gehen. Wenn die Schibretter zu weit auseinander treiben, dann stürzt du! (Nach einer Idee meines Pfarrers A. Hopmann)

b) Du hast sicher im Fernsehen schon Übertragungen gesehen von Schi-Langlaufrennen. Was ist da wichtig, damit der Läufer möglichst keine Zehntelsekunde verliert . . .? (Gut wachsen . . .) Ich meine jetzt: Er muß in der Loipe bleiben! Die Spur ist vorher angelegt worden. Wer sie genau einhält, der braucht sich am wenigsten abzumühen und kommt am schnellsten zum Ziel.

So ist das auch mit Jesus und uns: Jesus ist uns vorangegangen. Er ist *der* Weg zum Vater. Er hat uns gesagt, wie wir uns im Leben verhalten sollen, um zum Ziel zu kommen. Wir brauchen ihm nur zu folgen. – Wir werden nicht dazu gezwungen. Wir können auch aus der Loipe gehen. Nur: Dann geraten wir in tiefen Schnee; kommen leicht vom Weg ab; rutschen ab; müssen uns noch mehr anstrengen . . .

Ob wir uns beim nächsten Schilaufen einmal daran erinnern?

Evangelium: zu a) Hauptgebot; zu b) (bitte auswählen:) Mattäus 4,19.20.22; 8,22; 9,9; 10,38; 16,24; Johannes 8,12; 12,26; auch: 1 Petrus 2,21 (Ihr sollt seiner Spur folgen).

Andere Ideen

1. *Thema:* Kannst du noch staunen? – Erstaunliche Dinge über einen Roggenhalm . . . (Ausführlicher: Heiserer, *Gottesdienst-Modelle*, S. 99)

2. *Thema:* Lobt Gott mit eurem Spiel. – Sommerspielzeug wie Rollschuhe, Schwimmzeug, Ball, Springseil und Roller können uns zum Danken anregen: Wir können ja laufen, schwimmen, mit-

einander spielen, springen . . . Ist das alles selbstverständlich? (Ausführlicher: *Arbeitskreis Kinder-gottesdienste*, S. 13 f)

3. *Thema:* Wünsche für den Urlaub. – In einen Urlaubskoffer will jedes Familienmitglied das unter-bringen, was ihm über die Ferien am liebsten ist: Der eine Ausrüstungsgegenstände für Bergwande-rungen, der andere fürs Zelten, der dritte für den Wassersport . . . Aber alles paßt längst nicht in den Koffer. Wie sieht jetzt der Kompromiß der einzelnen Interessen für den Urlaub aus . . .? (Aus-führlicher: Kugler/Lindner, *Neue Familiengottesdienste*, S. 87 ff, besonders S. 93; s. auch Willms, *Aus der Luft gegriffen*, S. 122 f: 10 Gebote für die Probefahrt ins Paradies)

4. *Thema:* Urlaub = Zeit für Freunde. – Plakat mit der Aufschrift „F   F". Für jüngere Kinder: Sie bringen ihre „Freunde" mit: Blumen, Teddybär, Puppen, Vogel, Hund oder Katze: In der schönen Ferienzeit können wir viele Freunde gewinnen, selbst der Bach mit seinem leisen Geplätscher kann dein Freund sein . . . An manchen Freunden laufen wir einfach vorbei. Wollen wir Ausschau hal-ten?

Für größere Jungen und Mädchen: Zelt, Boot, Fahrrad, Badehose können uns Freude in den Ferien bringen. Entscheidender noch ist die gute Atmosphäre im Zusammenleben der Menschen, die die Ferien mit uns zusammen verbringen. (Ausführlicher: Lorenz u.a., *Von Gott will ich singen*, S. 105 ff und 115 ff)

5. *Thema:* Wer zeigt uns den richtigen Weg? – An einem Stadtplan oder einer Autokarte zeigen: Es gibt viele Wege, um zum Ziel zu kommen. Das Evangelium zeigt uns den kürzesten Weg: Es ist wie eine Wegkarte, die Gott uns gegeben hat . . . (Ausführlicher: Schulz, *Katechese*, S. 94)

6. *Thema:* Der Weltenplan Gottes. – Nach diesem Fahrplan der Bahn – Ankunft, Abfahrt – richten sich alle Lokführer, Bahnhofsvorsteher, Schrankenwärter, Weichensteller . . . Wenn jeder machen wollte, wozu er gerade Lust hat, gäbe es ein Unglück nach dem anderen. – So hat Gott, der Herr der Welt, den großen Weltenplan gemacht. Ankunft = Geburt. Aber wir sollen aktiv mitarbeiten. Abfahrt = Tod. Dieser Termin steht für Gott fest, aber wir brauchen deshalb keine Angst zu haben, wenn wir „allzeit bereit" sind. (Ausführlicher: Zenetti, *Kinderwelt und Gotteswort*, S. 161 ff)

7. Am Ende der Ferien. *Thema:* Dank. – Badehose, Lampion, Girlande, Limokasten . . . erinnern uns an viele schöne Erlebnisse . . . Wir wollen nichts als selbstverständlich hinnehmen: Wir danken Gott dafür. (Ausführlicher: Heiserer, *Gottesdienst-Modelle*, S. 93 ff)

8. Siehe Zeichenpredigten Nr. 68 (An sich arbeiten; glatter und eckiger Stein); Nr. 75 (Den Dreck anderer wegkehren? ein Besen); Nr. 77 (Entspannung braucht jeder; Pfeil und Bogen); Nr. 132 (Un-sere Heimat ist nicht hier; durchgelaufene Schuhe).

9. Beachte auch das Gedicht „Ferienkoffer" in Krenzer u.a., *Kurze Geschichten*, S. 194.

10. Luftballons steigen nach einem Feriengottesdienst „zu Gott" auf. Dazu ein humorvolles Luft-ballongebet in Willms, *Aus der Luft gegriffen*, S. 124 f.

11. Am Lagerfeuer: Das Feuer kann wild, alles verzehrend und zerstörend, aber auch wärmend sein. Funken springen auf in die Dunkelheit der Nacht: „Ich bin gekommen, um Feuer auf die Erde zu werfen . . ." (Lukas 12,49 f). Christus bringt dieses Feuer – auch in der Zweideutigkeit. Wir sind die Funken, die in die Nacht hineingeschleudert werden. In der Nachfolge bleibt uns nichts erspart. Sie-he *Religiöse Arbeit in Ferienfreizeiten*, KJG, Köln, S. 6. – S. 7 und 8 auch Gedanken zu Wasser, Bach, Quelle, Wasserfall, Sonne. So auch S. 12: Das Leben ist wie ein Gebirgsbach, der irgendwo zu fließen anfängt, immer größer wird, mancherlei Hindernisse zu überwinden hat und einmal im großen Meer aufgeht.

Zeichenpredigten zum Schuljahresbeginn

108. Für das Leistungsdenken
(eine Gladiole ohne Blüte; eine Gladiole mit Blüte)

(Vgl. Zeichenpredigt Nr. 96 „Wider das Leistungsdenken")
Der Prediger hält die Gladiole ohne Blüte hoch: Die Kinder sollen die Blume erraten.
Eine Gladiole ohne Blüte ist wie ein Mensch, der nicht mit seinen Fähigkeiten arbeitet. In der Zwiebel stecken genug Kräfte, die Blüte hervorzubringen; aber diese Gladiole hat keine Blüte hervorgebracht. Es war sinnlos, daß sie in diesem Jahr wuchs.
Diese Gladiole hat gut gearbeitet: Sie hat eine Blüte getrieben; ihre Fähigkeiten sind sichtbar geworden; zur Freude der Menschen.
Das will Gott von uns: Wir sollen mit unseren Fähigkeiten, mit unseren Talenten arbeiten. Ob in der Schule oder auf der Arbeit: Wir sollen *so* unsere Umgebung nachdenklich machen.
Woher weiß ich das?:
Evangelium: Mattäus 25,14–30 (Das Gleichnis von den Talenten. Wer sein Talent, seine Fähigkeiten nicht nutzt, wird verurteilt).

109. Mit unseren Talenten arbeiten
(drei Personen, die auf bestimmten Gebieten besondere Fähigkeiten haben)

Evangelium: Mattäus 25,14–17. 19–23 (Mit seinen Fähigkeiten arbeiten).
Hier seht ihr drei Personen, die mit ihren Begabungen auf einem bestimmten Gebiet gearbeitet haben.
Die erste Person spielt kurz (meisterhaft) auf der Gitarre.
Die zweite Person, ein Mädchen, zeigt ein paar Turnübungen mit hohem Schwierigkeitsgrad. Währenddessen malt schon der Dritte an einem großen Bild (er malt auch noch bis etwa während der Präfation).
Wir können schlecht sagen, ob diese drei viele Talente auf diesem Gebiet geschenkt bekamen oder ob sie durch ungeheuren Fleiß ihre wenigen Talente so vermehrt haben. Aber wenn du feststellst, daß dir mit Mühe etwas schwerfällt, z.B. eine Fremdsprache, und daß das ein anderer in viel kürzerer Zeit spielend schafft, dann denke daran: Einer, der viel Talente geschenkt bekam, muß auch auf diesem Gebiet viel mehr „bringen".
(Vgl. Lorenz u.a., *Von Gott will ich singen*, S. 97 ff, und Seidel/Zils, *Werkbuch*, S. 97: „Erfolgreiche" interviewen, um die Strapazen und Mühen bis zum Erfolg klarzumachen)
Siehe auch Zeichenpredigten zu Neujahr, Idee Nr. 2 (statt „Neues Jahr" dann „neues Schuljahr" einsetzen).

114

Zeichenpredigt zum Erntedank
(auch zum Thema „Dritte Welt")

110. Dank
(eine Frucht und ihre Verarbeitung, z.B. Pfirsich und Pfirsichdose)

Den Kindern wird die Frucht gezeigt; sie sollen aufzählen, wer und was alles nötig ist, damit ich diesen Pfirsich so in der Hand halten kann.
(Darin darf auch Gott als der Hervorbringer dieser Gaben vorkommen; es ist aber mehr an die Menschen gedacht, die diesen Baum gezüchtet haben, gepflanzt haben, gepflegt haben, geerntet haben . . .)
Dieselbe Frage gilt der Pfirsichdose. Hier erweitert sich der Kreis derer, die dazu beigetragen haben, enorm: Letztlich ist die ganze Zubringerindustrie aufzuzählen . . .
Zweck des Ganzen: Wievielen müssen wir *danken*! Hier kann natürlich auch der Gedanke weiterschweifen: Wer hat solche Gaben nicht? Und haben wir, die wir reich gesegnet sind, nicht auch Verantwortung für die anderen?
Die *Lesung* oder das *Evangelium* sollte sich dann doch mehr darauf beziehen, zu teilen:
Mattäus 25 (In bedürftigen Menschen ist Jesus besonders gegenwärtig); Lukas 12 (Der törichte Bauer: Nicht nur *für sich* die Ernte einsammeln); Jakobus 2 (Der Glaube ohne Werke ist tot); Mattäus 6 (Die Sorge um andere Dinge als die, die das tägliche Leben betreffen, ist noch wichtiger); Lukas 17 (Die zehn aussätzigen Männer; einer *dankt* nur).

Andere Ideen

1. *Thema:* Denken und Danken. – Große Pappkartons mit Lebkuchen-Häuschen werden ungerecht verteilt: Die ersten Reihen bekommen sehr viele, zwei Drittel der gesamten Kirche gehen fast leer aus. Noch stehen die Pakete unausgepackt auf den entsprechenden Bänken. Gespräch über diese Ungerechtigkeit . . . Auf die Dritte Welt beziehen . . . Was tun? (Ausführlicher: Kugler, *Familiengottesdienste*, S. 81 ff)
2. *Thema:* Wir sind reich. – Auf drei Stühle sollen sich im Chorraum drei „reiche" Menschen setzen. „Reich" auch im tieferen Sinn wie: reich durch eine schöne Freundschaft; oder: reich, weil ich gesund aus dem Krankenhaus entlassen wurde . . . Dann wird ohne Kommentar ein leerer Rollstuhl dazugeschoben . . . Wie gehe ich mit Menschen um, die weniger reich sind als wir? Gottes- und Nächstenliebe gehören zusammen . . . wie es auch schon die Urgemeinde zeigt: Apostelgeschichte 3,1–11. (Ausführlicher: Kugler/Lindner, *Neue Familiengottesdienste*, S. 156ff)
3. *Thema:* Nicht nur an sich selbst denken. – Mit zwei aus Pappe oder Holz gebastelten Gabeln von etwa 1,5 Metern Länge versuchen zwei Kinder, die sich nebeneinander setzen, zunächst sich selbst

zu bedienen (= Egoismus; „Hölle"). Sie merken schnell, daß es nur geht, wenn jeder *dem anderen* das Essen mit der Gabel anreicht (= Nächstenliebe; „Himmel"). Was heißt das für unser Leben . . .? (Mattäus 5,1–10) (Ausführlicher: Blasig, *Sonntag für Kinder* 3, S. 89 ff)

4. Dreh dich mal um! – Eine Handvoll Reis im Plastikbeutelchen = Tagesration (160 g) eines Menschen in Indien führt uns vor Augen, wie gut es uns geht . . . Aber daraus wächst Verantwortung, zumal, wenn wir alle Menschen als eine Völker*gemeinschaft* sehen wollen: Für alle ist Jesus gestorben (Markus 6,30–44; Johannes 6,1–15: Jesus schenkt Brot . . .) (Siehe Keller/Wagener, *Motivmessen für Kinder*, S. 137 ff)

Zeichenpredigt zum Rosenkranzmonat Oktober

111. Rosenkranz
(ein Rosenkranz, aus Kastanien hergestellt)

Folgende Aufgabe sollte man den Kindern wenigstens eine Woche vorher geben, in Gruppen, Schulklassen oder auch in der Sonntagsmesse: Weil so viele Früchte im Wald reif sind, stellt einmal aus diesen Früchten einen Rosenkranz her. Es eignen sich: Kastanien, Eicheln, Apfelkerne . . . Das Kreuz laßt ihr euch von eurem Opa schnitzen oder sonst einem, der so etwas kann.

Es ist erstaunlich, mit wieviel Eifer die Kinder bei der Sache sind. Was indirekt erreicht wird: Sie müssen sich irgendwo Rosenkränze beschaffen, um es richtig zu machen. Dabei werden sie schon genug Fragen stellen, was dieses oder jenes bedeutet. Die Kinder sollen die selbstgefertigten Rosenkränze mit zur Kirche bringen. Man kann sie auch an den Wänden aufhängen. Inhalt der Predigt sollte sein, genau zu erklären, *wie* der Rosenkranz gebetet wird. Daß die einzelnen „Ave-Maria" nur die Grundmelodie sind, mit der wir uns die einzelnen Ereignisse um Maria und Jesus vorstellen und die Verbindung von damals zu unserem heutigen Leben schlagen. Es wäre auch gut, wenn nicht nur *über* den Rosenkranz *geredet* wird, sondern sich auch die Zeit genommen wird, etwa in Form des „Altenberger Rosenkranzes" (von jedem der 15 Gesätze immer nur *ein* Ave Maria), auch ein wenig „Rosenkranz" zu *beten*.

Evangelium: eine Szene aus der Bibel, die in den Zusätzen der Gesätze schon angesprochen wird.

(Siehe auch Blasig, *Sonntag für Kinder* 6, S. 31 ff)

Zeichenpredigten zum Fest des heiligen Franz von Assisi

112. Welttierschutztag
(ein Käfig mit Hamster und ein Tuch, das den Käfig vor und nach der Predigt verdeckt)

Wer von euch hat ein Tier zuhause . . .? Welche Tiere?
Warum habe ich denn heute ein Tier mit in die Kirche gebracht? (Welttierschutztag, Fest des heiligen Franz von Assisi; die Zeitungen gehen auch oft darauf ein.)
Wer kann erzählen, was er schon *Schönes* mit Tieren erlebt hat? Was für Gutes er an Tieren gesehen oder von Tieren gehört oder gelesen hat? – Was für *Häßliches* hast du schon gehört oder gelesen?
Dann kann man eine Geschichte von Franz von Assisi erzählen, z.B. „die Vogelpredigt" oder den „Wolf von Gubbio".
Wenn die Tiere so schön sind, wie schön muß dann erst der Schöpfer sein!
(Wir haben einen alten italienischen Brauch seit Jahren eingeführt: Die Kinder kommen nachmittags mit ihren Haustieren in die Kirche. Bei der Gelegenheit wird noch mehr von Tieren vorgelesen und erzählt. Oft nehmen die Kinder ein Bild vom heiligen Franziskus mit nach Hause, das Bild von der Vogelpredigt u.ä. Zum Schluß werden auch die Kinder mit ihren Tieren gesegnet. Allerdings muß man den Kindern klarmachen, was dieser Segen bedeutet: Verantwortung für die Geschöpfe Gottes haben – nicht nur 14 Tage nach der Anschaffung; auch Liebe zu ihnen; und, was sehr wichtig ist: Wer Tiere nicht hungern läßt, darf erst recht nicht Menschen verhungern lassen.)
Bei der Gelegenheit kann auch ein Tierarzt eingeladen werden, der Beispiele von falscher Tierliebe aus seiner Praxis erzählen kann.
(Vgl. hierzu das Interview mit einem Tierarzt: Seidel/Zils, *Werkbuch*, S. 72)
(Bei einem solchen Vorhaben brauchen der Küster und die Putzfrau nicht in Ohnmacht zu fallen: Die Tiere machen in der Kirche überhaupt keinen Schmutz, da die Kinder sie in den Käfigen mitbringen. Im letzten Jahr ist es sogar gutgegangen, als auch Hunde mitgebracht wurden. Die Atmosphäre in einem solchen Gottesdienst ist überraschend gut.)
Evangelium: Mattäus 6,25–27 (Seht euch die Vögel unter dem Himmel an!)

113. Ein Herz für Tiere
(ein Futterhäuschen für Vögel)

Ihr wißt, warum diese Häuschen aufgestellt werden . . . (Hier kann man beliebig Informationen liefern bzw. die Kinder ihre Erlebnisse erzählen lassen.) Vgl. auch Predigt Nr. 112.

Vielleicht ist hier ein Sprechspiel angebracht (darin ist ein Gedicht von Bertolt Brecht verarbeitet aus *Gedichte 1948–56* (Gedichte 7), Frankfurt 1964: „Die Vögel warten im Winter vor dem Fenster"):

Ein Kind löst sich aus der Sprechgruppe, stellt sich in die Mitte und sagt:

1. Kind: Ich bin der Sperling.

                          Kinder, ich bin am Ende.

(Kind bricht zusammen. Zwei aus der Sprechgruppe springen herbei und richten es auf, bis es weiterspricht:)   Und ich rief euch immer im vergangenen Jahr,

                          wenn der Rabe wieder im Salatbeet war.

                          Bitte um eine kleine Spende. *(hält Hand auf)*

(Sprechergruppe gibt Antwort:)

Gruppe: Sperling, komm nach vorn.

                          Sperling, hier ist dein Korn.

                          (lauter:) Und besten Dank für die Arbeit!

(Im selben Stil und Aufbau geht es noch mit zwei anderen Kindern:)

2. Kind: Ich bin der Buntspecht.

                          Kinder, ich bin am Ende.

                          (bricht zusammen . . .)

                          Und ich hämmere die ganze Sommerzeit,

                          all das Ungeziefer schaffe ich beiseit.

                          Bitte um eine kleine Spende!

Gruppe: Buntspecht, komm nach vorn.

                          Buntspecht, hier ist dein Wurm.

                          Und besten Dank für die Arbeit!

3. Kind: Ich bin die Amsel.

                          Kinder, ich bin am Ende.

                          (bricht zusammen . . .)

                          Und ich war es, die den ganzen Sommer lang

                          früh im Dämmergrau in Nachbars Garten sang.

                          Bitte um eine kleine Spende.

Gruppe: Amsel, komm nach vorn.

                          Amsel, hier ist dein Korn.

                          Und besten Dank für die Arbeit!

(Achtung: 1. Auswendig spielen lassen. 2. Die drei Vogel-Spieler nach lauter Stimme auswählen.)

Lesung: Genesis 2,18–20 (Erschaffung der Tierwelt). Ein interessantes Gedicht steht dazu in Rost/Machalke, *Gottesdienste mit Kindern*, S. 231 f.

Gute Kurzgeschichten für einen Wortgottesdienst stehen in Krenzer u.a., *Kurze Geschichten*, S. 201–208. Auch Steinwede/Ruprecht, *Vorlesebuch Religion* 2, Lahr 1973, S. 59, 60.

Besonders U. Wölfel versteht es, *uns* durch Tiere und Tierfabeln Wichtiges zu sagen, so in *27 Suppengeschichten*, Düsseldorf 1968, S. 34, 48, 54, 58; *28 Lachgeschichten*, Düsseldorf 1969, S. 38, 44, 56.

Zeichenpredigten zum Weltmissionssonntag

114. Mission
(ein Globus oder eine Weltkarte, aus der Schule entliehen)

(Das erdkundliche Wissen der Jungen und Mädchen ist nicht überwältigend. Vielleicht hat man die Predigt schon vorher mit einer Gruppe durchgesprochen, die verteilt in der Gemeinde sitzt und in Notfällen eingreifen kann.)

Von einer Stadt aus ist die Botschaft von Jesus in die ganze Welt hinausgegangen. Du kannst sie mir sicher noch sagen . . . (Jerusalem) Kann einer mir auch diese Stadt auf diesem Globus zeigen? (Mit dem Zeigestock auf der Landkarte an der Wand) Dann wird die Botschaft von Jesus in die damalige Welt hineingetragen, vor allem von Paulus nach der heutigen Türkei und nach Griechenland; wer zeigt mir diese Länder? Eine Stadt wird auch noch besonders wichtig, sie liegt in Italien . . . (Rom)

Heute, nach fast 2000 Jahren, ist die Botschaft fast um die ganze Welt gegangen. In welchen Ländern wird heute besonders missioniert? (Es wäre gut, wenn eine andere Gruppe eine selbstgefertigte Weltkarte aufgehängt hat, in der in verschiedenen Farben die Missionstätigkeit oder Missionsnotwendigkeit aufgezeichnet ist.)

Was machen wir mit Deutschland? Missionsgebiet mit Neuheiden? . . .

Oft sieht man Jesus mit einer Weltkugel in der Hand, auf dieser Kugel ein Kreuz. Was bedeutet das? (Siehe auch Blasig, *Sonntag für Kinder* 6, S. 85 ff; s. auch *Arbeitskreis Kindergottesdienste*, S. 24 f: Auf eine große Platte Bilder auf die Erdteile kleben lassen)

Evangelium: Missionsbefehl (Mattäus 28,16–20; auch Apostelgeschichte 16,6–12)

In dieser Missionsmesse ist es schön, auch Lieder aus allen Ländern der Welt zu hören. Dazu eignet sich gut die Sonderauflage „Mission aktuell" von Philipps: „Missa in Folklore", zu beziehen über das päpstliche Missionswerk, Hermannstr. 14, 5100 Aachen. Es eignen sich besonders auf S. 1 das Kyrie aus der Missa Luba, das Lied „Nza Iwisa banzio" aus der Missa Kwango und „Dhanya Prabhu" aus der Hymne an Indien; von S. 2: aus der „Missa Criolla" das Credo und das Agnus Dei.

115. Mission
(ein Missionsrosenkranz)

Dieser Rosenkranz ist sehr eindrucksvoll, weil die Perlen in verschiedenen Farben gemacht sind. Von den Farben kann man ausgehen: Welche Völker sind damit gemeint? Welche Spannungen sind zu beobachten? Wo müssen wir die Brücken schlagen? Welchen Einsatz können wir zeigen? Ist es mit Geld allein getan?
Vielleicht reicht auch hier die Zeit, ein paar „Ave Maria" für entsprechende Probleme in der Mission zu beten.
Evangelium: Missionsbefehl (siehe Zeichenpredigt Nr. 114)

Zeichenpredigten zu Heiligenfesten

116. Jesus kann jeden gebrauchen (Theresia vom Kinde Jesu)
(verschieden große Pinsel)

Seht euch die hintere Wand der Kirche an. Stellt euch vor, da soll jetzt ein Maler ein schönes Bild hinzeichnen. Er hat hier diese verschieden großen Pinsel mitgebracht. Wofür braucht er jetzt die dicken und die kleinen Pinsel . . .? (Die großen braucht er für die weiten Flächen, die kleinen für Einzelheiten.) Alle Pinsel sind wichtig.
Die heilige Theresia sagte: Jesus kann auch die gebrauchen, die im Gutsein noch klein sind.
Jesus braucht Menschen, die in der Welt die größten Sachen tun, aber auch die anderen braucht er. Egal, wo du im Leben stehst, du sollst die dir aufgetragene Arbeit gut verrichten.
Theresia sagte: Ich bin wie der kleine Pinsel. Den braucht Jesus für die ganz kleinen Einzelheiten.
Theresia ging den „kleinen Weg". Sie hat für die meisten unsichtbar gewirkt – wie so viele Heilige, die heute unter uns leben, unscheinbar wirken. Sie ist gerade ein Vorbild für die unter uns, die meinen, im Leben nur ein kleines Rädchen im Getriebe der Welt zu sein.
Ein Gedanke, der jedem Mut machen soll.
Evangelium: Markus 9,33–35
> Einmal stritten sich die Jünger von Jesus untereinander. Als sie in ein Dorf kamen, fragte Jesus die Jünger: „Worüber habt ihr unterwegs gestritten?" Da schwiegen sie. Sie hatten aber unterwegs darüber verhandelt, wer von ihnen der Bedeutendste sei (wer unter ihnen wohl den ersten Rang einnähme – am meisten gelten würde). Da setzte sich Jesus, rief die Zwölf zu sich und sprach zu ihnen: „Wer unter euch der

Erste sein will, der muß sich allen anderen unterordnen und ihnen dienen."
Wer also unter uns etwas Besonderes erreichen will, der darf sich nicht zu fein vorkommen, uns zu bedienen.
Oder: Mattäus 18,1–4 (Wer ist der Größte im Himmelreich?)

117. Die Heiligen bitten für uns (Theresia vom Kinde Jesu)
(ein Strauß roter Rosen)

Die heilige Theresia hat einmal gesagt: Wenn ich gestorben bin, werde ich Rosen vom Himmel regnen lassen . . .! Was meint ihr, was sie damit gemeint hat?
Zuerst müssen wir uns natürlich einmal vor Augen halten, daß der Himmel nicht oben ist. Die Verstorbenen sind uns nahe, um uns herum. Vor allem bei jeder Messe!
Die Rose ist ein Zeichen der Liebe und des Friedens, auch der Versöhnung. Was meint ihr also, was Theresia meinte mit diesen „Rosen vom Himmel"? – Sie meint ihr fürbittendes Gebet für uns. Sie bittet Jesus – und er beim Vater – für das, was gut für uns ist. Und manchmal wird das auch mit dem übereinstimmen, was *wir* erbitten.
Wir dürfen glauben: Jeder Verstorbene, der bei Gott ist, kann für uns bitten, und er wird es auch bei Gott für uns erflehen. *Das kann* auch noch ein Verstorbener.
Was wir behalten sollen: Es ist sinnvoll, Verstorbene und Heilige zu bitten, für uns Fürsprache bei Gott einzulegen; denn wir stehen noch in der Prüfung; wir brauchen solche Rosen vom Himmel. (Nach einer Idee meines Pfarrers A. Hopmann)
Evangelium: Markus 5,21–24. 35–43 (Der Vater bittet um das Leben seiner Tochter); Lukas 7,1–10 (Der Hauptmann von Kapernaum bittet . . .); Bibelstellen, die vom Bittgebet sprechen.

118. Die Heiligen spiegeln Jesus wider
(ein Spiegel und eine Taschenlampe)

Wozu ist eigentlich ein Spiegel da . . .? (Um ein Bild oder Licht zurückzuwerfen.) Das hast du draußen schon gerne getan: mit deinem Spiegel die Sonnenstrahlen eingefangen, um sie ganz woanders hinzuwerfen; womöglich, um einen zu ärgern. So könnte ich dich jetzt auch blenden: Wenn ich das Licht der Taschenlampe auf dem Spiegel widerspiegeln lasse in deine Augen. Aber es geht hier nicht um ein Spiel. Ich will euch etwas damit zeigen:
Christus ist eigentlich die Sonne, die Lichtquelle, das Vorbild. Und die Heiligen spiegeln etwas von Jesus wider; in *irgendeinem* Punkt haben sie es zu einer nachahmenswerten Eigenschaft gebracht: zu dienen, gerecht zu sein, barmherzig zu sein, sich aufzureiben, mit Gott zu sprechen.

(An dieser Stelle kann diese besondere Eigenschaft eines Heiligen oder mehrerer Heiliger erarbeitet werden.)
Wir alle sind eigentlich gerufen, etwas von Jesus widerzuspiegeln. Welchen Punkt nimmst du dir vor?
Evangelium: Mattäus 5,1–12 in Auswahl (Die Seligpreisungen).
(Nach *Arbeitskreis Kindergottesdienste*, S. 20)

119. Heilig werden
(ein kleines buntes Glasbild, wie es manche Leute in ihrem Fenster hängen haben – wenn möglich mit der Darstellung eines Heiligen –, und ein Stück Pappe in derselben Größe)

Wenn du um eine Kirche herum gehst, in der wunderbare Fenster sind, dann wirst du enttäuscht sein. Du siehst nur das dunkle Glas und das Blei, das in wirren Formen von oben nach unten läuft. Es ist kein schöner Anblick. Aber wenn du hineingehst und schaust von innen nach außen, gegen das Licht: Dann wird es schön. Und wenn sogar die Sonne ihre Strahlen durch ein solches Fenster wirft, dann leuchten die Farben herrlich auf. Das kann ich euch auch an diesem kleinen Bild mit Bleiverglasung zeigen. So ist es nicht schön, du kannst kaum etwas erkennen. Wenn ich es gegen das Licht halte oder hier vor die Altarkerze, dann siehst du erst, wie schön ein solches Bild ist.
Das will ich dir damit zeigen: Das Licht, die Sonne, ist das Gute, das Schöne, und all die Eigenschaften, die wir Gott zuteilen, die wir in Jesus haben aufleuchten sehen. Es gibt Menschen, wir nennen sie Heilige, die haben diese Eigenschaften in sich aufleuchten lassen: Sie waren *auch* gut, schön, haben vergeben . . .
Jetzt zeige ich euch, wie das ist, wenn ein Mensch nur an sich denkt, sich nicht aufschließt und durchleuchten läßt. (Der Prediger hält jetzt zwischen Kerze und Bild die Pappe gleichsam als Widerstand gegen das Licht; das Bild versinkt wieder in ausdruckslose Gleichförmigkeit.)
Ich glaube, es gibt auch unter uns Heilige. Wollen wir uns wenigstens darum bemühen?
Evangelium: s. Zeichenpredigt Nr. 118.

Andere Ideen

1. *Thema:* Christus nachfolgen hat Konsequenzen. (Stephanus) Dieser Stein (= Symbol des Schweren und der Konsequenz) hier zeigt, daß die Freundschaft mit Jesus auch etwas fordert. Mit einem solchen Stein wurde Stephanus zu Tode gebracht . . . der Glaube fordert Treue . . . (Ausführlicher: Schulz, *Katechese*, S. 95)
2. *Thema:* Das Leben der Heiligen. – Ein Buch mit Lebensberichten der Heiligen wird mitgebracht

(zum Beispiel *Die Heiligen*). Bei einigen ausgewählten Heiligen (die vielleicht die Kinder nennen) werden markante Stellen aus ihrem Leben vorgelesen. (Ausführlicher: Blasig, *Sonntag für Kinder* 6, S. 95ff; ähnlich: Knackstedt, *Meßfeiern mit Kindern*, S. 118ff: große Bilder von Heiligen – auch gemalte – werden mitgebracht und ihr Leben kurz skizziert, z.B. Franziskus, Foucauld, Mutter Teresa; aber auch Maurer mit Lehrling . . .)
3. Siehe „Sonntage im Jahreskreis – Gemeinschaft", Idee Nr. 1 und 2 (am Cäcilienfest); „Erntedank", Idee Nr. 3 unter dem Gedanken: Die Heiligen haben es uns richtig vorgelebt; „Ferien", Idee Nr. 5 (am Fest der heiligen Hildegard); „Franziskus" und „Martin".
4. Siehe Einleitung III,2: Gottes Schönheit und Güte widerstrahlen. Der Diamant.

Zeichenpredigt zum Martinsfest

120. Die Welt heller machen
   (eine Fackel)

Wozu wird eine solche Fackel gebraucht? (Um in der Dunkelheit einen Weg zu finden; um einen Gegenstand hervorzuheben; um eine bestimmte Person zu ehren, z.B. einen Professor oder heute: St. Martin.)
Welchen Grund haben wir, so an St. Martin zu denken? Was war denn Besonderes an ihm . . .?
Bei einer solchen Fackel sollen wir nicht nur an Martin denken. Wir können einen Schritt weiter gehen: Auch wir haben eine Botschaft der Welt zu bringen. Wenn wir wie Martin teilen, dann sind auch wir Licht für die Welt. Dann kann unser Gutsein andere nachdenklich machen.
Was müssen wir noch alles tun, um wirklich wie so eine Fackel in der Dunkelheit zu leuchten?
(Wenn die Fackel eine Gans darstellt, kann man anfangs auf die Legende und das Martinsgansessen eingehen.)
Evangelium: Mattäus 5,14–16 (Ihr sollt Licht für die Welt sein).
(Vgl. auch Blasig, *Sonntag für Kinder* 3, S. 97ff; *Arbeitskreis Kindergottesdienste*, S. 21f, Liedvorschläge S. 33)

Andere Ideen

1. *Thema:* Der Bischof Martin. – Was bedeutet dieser Weckmann mit Pfeife? Hat Martin in seinem späteren Leben gerne geraucht. . .? Es ist ein mißverstandener Bischofsstab! (Jetzt mehr auf den „älteren" Martin in seiner Eigenschaft als Bischof und „Hirte" eingehen . . .) Vgl. N. Henrichs, *Kult und Brauch im Kirchenjahr*, Düsseldorf 1967, S. 193.

2. *Thema:* Teilen und Freude machen wie St. Martin. – „Was den Menschen nottut, ist nicht *Fernsehen*, sondern *Nahe*-sehen." Hinter dem gebastelten Rahmen eines Fernsehapparates spielen Kinder die Szene mit Martin und dem Bettler von damals. (Jetzt wurde „fern"-gesehen.) Wie sieht es heute aus?: Zum „nahe"-sehen ebenso Beispiele spielen (Mattäus 25,37–40). (Ausführlicher, auch mit kurzem Sprechspiel: Lorenz u.a., *Von Gott will ich singen*, S. 151 ff)

Zeichenpredigten im November:
Allerseelen – Tod – Gericht – Wiederkunft

121. Das ewige Licht leuchte ihm
(eine Allerseelen-Leuchte)

(Vielleicht kann man in dieser Messe auf die Altarkerzen verzichten und statt dessen entsprechend viele kleine rote Allerseelen-Leuchten aufstellen.)
Ihr habt heute sicher etwas bemerkt, was anders ist als sonst . . . ? (Die roten Lämpchen auf dem Altar.) In diesen Tagen könnt ihr diese Lämpchen an vielen Stellen sehen . . . (Auf den Friedhöfen) Wo kann man sie sonst noch im Laufe des Jahres sehen? (Vor dem Marienbild, vor dem Tabernakel) Manchmal siehst du sie auch brennen vor Kriegsdenkmälern, vor Gruften von besonderen Leuten. Früher stellte man sie auch an bestimmten Tagen in die Fenster, zum Beispiel um an die Menschen in der DDR zu denken. Ein solches Lämpchen heißt also: Ich denke an dich. Ein Christ darf auch sagen: Ich bete für dich. Wenn manche Leute nach der Messe ein solches Licht vor dem Marienbild oder dem Tabernakel aufstellen, dann heißt das auch soviel wie: Wenn dieses Licht brennt, denke an mich und mein Anliegen.
Ein schönes Zeichen. Wenn du es in diesen Tagen überall sehen kannst, dann erfreu dich nicht nur an dem Geflacker des roten Lichtes, sondern denke auch an die Verstorbenen und vor allem: Bete für sie.
Das Ewige Licht, das einer von euch eben genannt hat, habe ich nicht vergessen: Das Ewige Licht zeigt uns an, daß Jesus hier im Brot immer gegenwärtig ist. Er ist unser Licht, auch wenn es dunkel wird. Er ist unser Leben, auch wenn wir sterben. Deshalb beten wir am Grabe oft: Herr, gib ihm die ewige Ruhe, und das *ewige Licht* leuchte ihm. Laß ihn ruhen in Frieden. Amen.
Evangelium: ein Auferstehungsbericht; oder: Worte des heiligen Paulus zum Thema „Auferstehung".

122. Uns fehlt die Erfahrung
(ein dürrer Apfelbaumzweig und ein schöner Apfel)

Heute habe ich etwas Schwieriges mit euch vor! Ihr müßt schon genau hinhören.
Wenn ich behaupte, aus diesem Ast ist so ein schöner Apfel gewachsen, dann ist das für euch gar nichts Besonderes. Das kennt ihr: Zuerst die Blüte, dann wird die Frucht angesetzt, und schließlich kann ich den Apfel essen.
Jetzt stell dir aber einen Menschen vor, der diesen Ablauf nicht kennt; sagen wir einen Menschen von einem anderen Planeten. Der würde mir sagen, wenn ich ihm diese beiden Dinge vorhalte und behaupte, dieser Apfel kommt aus diesem Ast: „Das glaube ich nicht, das ist verrückt, unmöglich: So etwas aus diesem harten Geäst!?" Oder er würde sagen: „Das ist ein Wunder!"
So ist das auch mit der Auferstehung. Wir wissen nur, irgendwann werden wir sterben. Wir sehen das Wunderbare der Auferstehung nicht. Darum sagen viele: Das ist unmöglich, das gibt es nicht. Wenn wir die Verstorbenen immer wieder sehen, dann wäre es uns eine Selbstverständlichkeit, das zu glauben, wie für uns ein solcher Apfel eine Selbstverständlichkeit ist.
Jetzt gibt es für den Mann von dem fernen Planeten noch eine Möglichkeit: Er glaubt dem, der es ihm sagt. Er würde also denken: Bis jetzt hat der mich noch nicht veräppelt, und manches habe ich nachgeprüft und festgestellt: Der hat recht. Und so glaube ich ihm auch jetzt, daß das, was er behauptet, richtig ist, weil auch das andere bisher immer wahr war.
Ähnlich geht es mit uns, die wir an die Auferstehung glauben. Erst haben die Jünger Jesus geglaubt, nachdem sie ihn wirklich sehen konnten. Und damit fängt die unendliche Reihe an bis auf uns heute: Immer wieder ist der Glaube an den auferstandenen Christus weitergegeben worden. Mir z.B. hat meine Mutter den Glauben weitergegeben. Und so kann ich sagen: „Ich glaube, daß Jesus auferstanden ist und daß auch wir auferstehen. Ich glaube, es gibt keine Toten, es gibt nur Lebende: Lebende hier und im Jenseits."
Wer von euch an die Auferstehung glaubt, hat es auch in der Regel von einem Menschen erfahren. Der Glaube daran ist letztlich ein Geschenk. Wer nicht glaubt, hat es schwer, zu diesem Geschenk zu kommen.
Zum Schluß noch einmal: Wenn ihr es für sinnvoll haltet, daß der Mensch vom anderen Planeten uns abnimmt, dieser Apfel kommt aus diesem dürren Zweig, dann ist es auch sinnvoll, daß wir Jesus und dem Zeugnis der Jünger glauben.

123. Wenn es in die Erde fällt und stirbt . . .
(eine Weizenähre mit Halm und Wurzel)

Wie konnte so etwas überhaupt wachsen . . .? Ja, es konnte erst diese Frucht der Weizenähre entstehen, nachdem das Weizenkorn, das in die Erde gelegt wurde, sich geöffnet hatte und alle Kraft hergab.

Es ist ein Bild für unser Leben: So müssen auch wir sterben, damit wir erst die volle Frucht bringen. Mit diesem Sterben ist nicht zuerst unser Tod gemeint, sondern: Wir müssen uns öffnen, alle Kräfte hergeben, selbstlos leben (unser Ich muß sterben) und lieben und teilen. Ein solches Handeln bringt reiche Frucht (die allerdings meistens andere ernten).

Dann ist aber auch unser wirklicher Tod gemeint, er öffnet uns erst das Tor zum wirklichen, vollen Leben in Freude und Frieden.

Das hat Jesus so gesagt:

Evangelium: Johannes 12,24.25

Jesus sagt: Haltet fest, was ich sage: Wollte das Weizenkorn sich schonen, so bliebe es einsam, bis es verbraucht ist. Wenn es dagegen in die Erde fällt und stirbt, entsteht viel Frucht aus ihm. Wer sein Leben für so wertvoll hält, daß er es erhalten will, wird es verlieren. Wer es weggibt und sich in dieser Welt verbraucht, wird es behalten. Gott gibt es ihm wieder für die Ewigkeit (nach Zink).

Bei der Entwicklung eines Schmetterlings ist es ähnlich: Die Raupe muß sterben, alles hergeben; es sieht aus, als wäre sie tot. Aber in ihr entwickelt sich und kommt heraus als Frucht: ein wunderbarer Schmetterling.

(Auch das Bild vom Pelikan ist hier anwendbar. Vielleicht hat man sogar ein großes Bild oder der Priester trägt es auf seinem Meßgewand: Der Pelikan opfert sein eigenes Leben, indem er seinen Schnabel in sein Herz sticht, um mit seinem Blut seine Brut zu erhalten, das neue Leben möglich zu machen, ein Sinnbild für den Tod Christi.)

(Es kann auch das Leben einer Mutter geschildert werden, die sich ganz verausgabt für ihre Kinder. – Oder das Leben eines Heiligen: z.B. Don Bosco, der sich auch ganz aufrieb in seiner Sorge für andere.)

124. Wo ist die Seele?
(eine Gießkanne mit Wasser, zwei Schemel)

Hier stehen zwei Schemel. Einer von euch ist so nett und legt sich einmal darauf. Er soll sich sogar tot stellen. Nun sagt mal: Alles an diesem Jungen ist noch dran: Arme, Beine, Herz . . .

Aber, wenn er jetzt wirklich tot wäre, etwas fehlt . . .? Richtig, das, was ihn vorher lachen, sich bewegen, nachdenken ließ. Das nennen wir die Seele, die Geist-Seele. Auch Pflanzen und Tiere haben Seelen; wenn ich z.B. eine Pflanze abschneide, dann ist ja auch noch alles an ihr; es fehlt nur das, was sie lebendig machte. Die Seele des Menschen ist eine besondere Seele, von ihr sagen wir: Sie ist unsterblich. Aber wo ist die Seele eines Menschen, der gestorben ist? Viele sagen: Weil wir nichts sehen, gibt es sie auch nicht.

Wir wissen mehr. Wir wissen, sie ist nur in einen anderen Zustand getreten. Das will ich euch jetzt zeigen: Diese Gießkanne hier soll der Mensch sein. Das Wasser ist die Seele. Ich schütte jetzt etwas von diesem Wasser auf den Altar; das soll bedeuten: Dieser Mensch ist tot. Wenn du nach Stunden hinschaust, wirst du merken, das Wasser ist verdunstet, es ist nicht mehr da, es ist unsichtbar geworden. Aber es existiert noch! Es hat sich für unsere Augen praktisch in die Luft aufgelöst.

Die Folgerung daraus heißt: Die Seelen der Verstorbenen sind noch da, vielleicht um uns herum, aber in einem solchen Zustand, daß sie für unsere Augen (noch) unsichtbar sind.

Wer tiefer schaut, kann deshalb nicht sagen: Mit dem Tod ist alles aus.

(Gegen diese Ausführungen wurden zwei Bedenken laut: Wir würden nicht so sehr an die Unsterblichkeit der Seele glauben, sondern mehr an die *Neuschöpfung* der Toten durch den Herrn des Lebens. Und: Das ewige und neue Leben sei *mehr* als nur ein „Auflösen in Dampf".)

Die letzte Sicherheit in unserem zweifelnden Fragen gab Jesus:

Evangelium: einer der Auferstehungsberichte; oder Worte des Apostels Paulus zu der Auferstehung Jesu.

125. Das Unterlassen des Guten klagt uns an!
(ein leeres Blatt und ein volles schönes Buch)

Lesung: Offenbarung 20,12—15 (Das Buch des Lebens. Nach dem, was wir getan haben, werden wir gerichtet).

Jetzt könnt ihr auch verstehen, warum bei einer Nikolausfeier ein großes Buch aufgeschlagen wird: Darin ist eingetragen, was du Schlechtes getan hast. Es geht aus dieser Lesung aber nicht unbedingt hervor, daß die *schlechten* Taten uns anklagen. Ich glaube, es ist umgekehrt, wie es auch aus dem letzten Vers hervorgeht: Wer im Buch des Lebens nicht zu finden war, der stürzt. Das heißt: Die leeren Seiten im Buch unseres Lebens, die klagen uns an. Deshalb habe ich dieses leere Blatt mitgebracht.

Wenn ich Hausbesuche mache, dann sagen manche Leute: „Ich tue doch keinem was zuleide, ich habe noch keinen umgebracht, mit der Polizei oder dem Gericht habe ich noch nie etwas zu tun gehabt . . ." Und damit wollen sie sagen: „Ich bin doch eigentlich ein recht ordentlicher Mensch."

Oder viele Leute sagen in der Beichte: „Ich weiß gar nicht, was ich beichten soll, so etwas besonders Schlechtes habe ich gar nicht getan."

Wenn ich dann viel Mut habe, sage ich sofort: „Gott fragt aber, was haben sie *Gutes* getan." Das ist ein sehr großer Unterschied! Was haben wir an Gutem getan? Was haben wir an Gutem unterlassen? Das Unterlassen, das klagt uns an. (Beispiele:) Warum habe ich mich nicht dagegen gewehrt am Arbeitsplatz oder in der Klasse, wenn ein Falscher beschuldigt wurde? Warum teile ich nicht mehr, wo ich doch weiß, wieviele in der Welt verhungern müssen? Als die furchtbaren Greuel in der Vergangenheit unserer Geschichte geschahen, da haben zu viele nur einfach zugeschaut und nichts unternommen.

Die leeren Seiten im Buche des Lebens klagen uns an. Das hat uns Jesus gesagt:

Evangelium: (Gerichtsszene aus Mattäus 25 gekürzt vorlesen).

Weil ich hungrig war und ihr mir *nichts* zu essen gegeben habt, deshalb verwerfe ich euch. Weil ich krank war und ihr mich *nicht* besucht habt, deshalb will ich nichts mehr mit euch zu tun haben . . . Da steht nichts von Ehebruch und Totschlag . . ., sondern die Unterlassung des Guten klagt uns an.

Vgl. hierzu auch die Predigt von der Waage, Nr. 129.

Möglich ist auch die folgende Gewissenserforschung, die zwei Kinder vortragen:

Priester:	Wir wollen uns fragen, ob wir in den letzten Tagen alles richtig gemacht haben.
1. Kind:	Wir haben gesehen, wie manche verprügelt wurden. Allein konnten sie sich nicht wehren.
2. Kind:	Und wir standen dabei – und haben nur zugeschaut.
1. Kind:	Manche wurden ausgelacht und gehänselt.
2. Kind:	Und wir standen dabei – und haben nichts gesagt.
1: Kind:	Wir haben oft die Mutter gesehen, wenn sie zuviel Arbeit hatte.
2. Kind:	Und wir standen dabei – und haben unsere Hilfe nicht angeboten.
1. Kind:	Über manche wurde schlecht geredet.
2. Kind:	Und wir standen dabei – und haben nur interessiert zugehört.
Priester:	Ja, Herr, wir sind schuldig geworden, weil wir oft dabeistehen und nichts unternehmen. Verzeihe uns. Laß uns mehr sehen. Laß uns mehr helfen. Das bitten wir: Durch Christus, unsern Herrn.

126. Gott zählt unsere Stunden
(ein Metronom)

(Es ist eindrucksvoll, diesen Taktmesser in Aktion zu versetzen, und die ganze Gemeinde hört still zu.)

Welche Gedanken hast du eben gehabt bei diesem tak–tak–tak? An was könntest du denken, wenn du an den November mit seinen Totensonntagen denkst . . .? (Folgende Gedanken sind möglich:)

Deine Zeit läuft ab. Jede Sekunde bringt dich dem Tod, der Ewigkeit näher. (Ich kannte ei-

ne Frau, die schon zu Lebzeiten glaubte, verdammt zu sein. Sie lief hin und her, knirschte mit den Zähnen, rieb die Hände aneinander und sagte immer wieder: „Immer, ewig, immer, ewig, Zeit und Ewigkeit, immer und ewig bin ich verdammt." Es war fast so im Takt wie dieser Taktmesser.)
Nutze die Zeit, die du hast. Es ist Zeit, vom Schlafe aufzustehn.

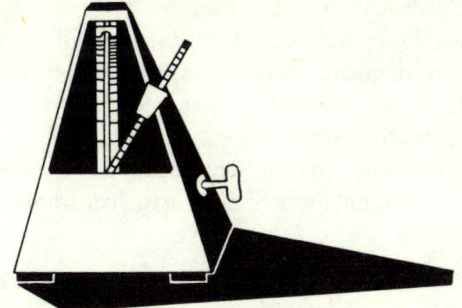

Jetzt können langsam als *Lesung* die Sätze aus Römer 13,11−14 (vielleicht in Auswahl) vorgelesen werden.
Prediger: Es braucht euch keine Angst zu beschleichen. − Nachdenken ist gut; unsere Stunden sind von Gott gezählt. Aber als Christen wissen wir auch: Wir sind jede Stunde in Gottes Hand, bei uns gibt es keinen Zufall, kein Schicksal, keinen Sternenglauben. Am Ende begegnen wir Gott, und wenn wir das Gute immer wieder versuchen, brauchen wir vor dieser Begegnung keine Angst zu haben.
Während des Taktes des Metronoms läßt sich in Angleichung an das Tempo des Taktes folgendes Lied vorbeten:
Wenn du das Ende kennst, setz alles, setz alles,
setz alles auf eine Karte, *wenn* du das Ende kennst.
Wenn du die Lage kennst, zieh immer, zieh immer,
zieh immer die Konsequenzen, *wenn* du die Lage kennst.
Wenn du die Worte kennst, verbrenne, verbrenne,
verbrenne dir deine Zunge, *wenn* du die Worte kennst.
Wenn du die Wahrheit kennst, schenk allen, schenk allen,
schenk allen den reinen Wein ein, *wenn* du die Wahrheit kennst. (Siehe Blarr, *Neue geistliche Lieder* 2, S. 24)
(Hier ist wieder das Interessante der Zeichenpredigten zu sehen: Der Text ist nur für Erwachsene, aber die Kinder sind trotzdem ruhig, weil sie durch das Metronom gebannt sind. Das ist wichtig in einem Familiengottesdienst: Auch die Erwachsenen müssen angesprochen sein, und manchmal dürfen Kinder ruhig Texte hören, in die sie erst später hineinwachsen.)
Es eignet sich hierzu auch das Lied: Hilf, Herr meines Lebens . . . (GL Nr. 622)
(Siehe auch Longardt, *2 × 12 experimentelle Andachten*, S. 28 ff)

127. Jeder Augenblick ist wichtig
(Schiedsrichterpfeife)

(Schlußpfiff = wir können nichts mehr tun)
Zuerst die Jungen und Mädchen den Gegenstand erraten lassen. Dann die Kinder erzählen lassen: Was ist alles los, wenn der Schiedsrichter pfeifen muß?
Ich meinte nur den Schlußpfiff eines Spiels. In *dem* Moment ist alles zu spät. Vielleicht hat die Mannschaft die erste Halbzeit verbummelt und in der zweiten Spielhälfte (= des Lebens) vergeblich auf eine Konterchance gewartet. Aber bis zur letzten Sekunde hat jeder die Chance, im Match (= seines Lebens) den Siegestreffer zu erzielen. Der Ball liegt zurecht, wir brauchen nur zuzustoßen (= Gott annehmen *und* den Nächsten). So leicht ist das. Und doch so schwer. *Nach* dem Abpfiff ist nichts mehr zu ändern. Jede Minute ist wichtig.
Evangelium: Lukas 12,16–20 (Der reiche Kornbauer).

128. Gott läßt dich niemals verloren sein
(Gegenstände, die in der Kirche liegengelassen wurden, etwa ein Handschuh, eine Brille, eine Mütze, ein Knirps)

Zuerst die Kinder die Gegenstände benennen lassen . . . Was meint ihr, was der Handschuh uns erzählen würde, wenn er könnte? Hört gut zu. Der Handschuh erzählt: Ich lag im Kaufhaus . . . Eines Tages kam ein Kind mit seiner Mutter . . . Ich war ganz aufgeregt . . . Das Kind sagte: Die möchte ich haben, die sind schön . . . Ich war stolz . . . Oft bin ich angezogen worden . . . Eines Tages blieb ich in der Kirche liegen . . . Ich dachte: Nur keine Angst haben, die kommt sofort zurück und holt mich wieder . . . Aber, ich bin liegengelassen worden, man hat mich einfach vergessen.
Diese Gegenstände werfen uns Menschen vor, wir hätten kein Interesse an ihnen, wir wären vergeßlich und undankbar.
So ist das auch oft bei Menschen. Wenn das Kind noch klein ist, sind alle entzückt; alles dreht sich um die kleinen Kinder. Wenn sie älter sind, läßt man sie oft links liegen.
Jesus hat es anders gemacht. Hört gut zu:
Evangelium: Lukas 15,4–6
> Jesus sagt: Ich bin wie ein guter Hirt. Nehmt an, er hat 100 Schafe. Eins davon läuft ihm weg. Er läßt die 99 allein und sucht nach dem *einen* Verlorenen. Er geht ihm nach, bis er es findet. Wenn er es gefunden hat, nimmt er es auf die Schulter und freut sich.
Ist das nicht toll: Jesus sagt, du bist für mich ganz wichtig. Gott läßt dich niemals verloren sein. Er schreibt uns nie ab. Das hat Jesus uns vorgelebt. Darum dürfen auch wir keinen liegenlassen, abschreiben.
(Gekürzt nach Sauer, *Verkündigung*, S. 170ff)

129. Das Gericht Gottes

(eine Waage mit zwei Schalen nach beiden Seiten, aus einer Apotheke entliehen)

(Auf Bildern, die das Gericht Gottes am Ende der Welt zeigen, spielt auch oft eine Waage eine Rolle: Gott wiegt das, was der Mensch an Gutem und Bösem getan hat. Wenn wir im Gericht bestehen wollen, muß das Gute überwiegen.)

Wo wird diese Waage heutzutage noch benutzt? . . . Auf Bildern kann man sie noch oft sehen (Inhalt der Klammer oben erklären).

Das wollen wir jetzt einmal probieren: Zwei Menschen, zwei Lebensläufe, mehr Böses oder mehr Gutes? (Auf Zetteln stehen jetzt die einzelnen Tatsachen; weil es eine Waage für leichte Gewichte ist, genügen die Zettel als Beschwerung.)

Hier kommt also der erste, der glaubt, vor Gott bestehen zu können. Er hört die Stimme

(Zettel 1:) „Du hast jahrelang gedankenlos deine Mutter nicht ernst genommen, sie verlacht; deine Lehrer geärgert; einer alten Frau, die neben dir wohnte, häßliche Wörter nachgerufen und ihr das Leben schwergemacht." Der Mann verteidigt sich: „Aber ich habe doch jahrelang meinen alten Vater zu mir in die Wohnung genommen!" Antwort: „Sei ehrlich, du hast mehr auf die Rente geschaut und wolltest gut bei der Erbschaft abschneiden. Das spricht gegen dich." (Der Prediger legt den Zettel in die linke Schale.)

(Zettel 2) Stimme: „Du wußtest, zwei von drei Kindern in der Welt verhungern. Du hast gesagt, was kann ich schon dagegen tun – und dann hast du nichts getan! Da, in den Hungernden, lebte ich." Der Angeklagte verteidigt sich: „Aber ich habe viel Geld für den Bau eines Krankenhauses gegeben, mein Name steht mit in der Urkunde. Das kannst du nachlesen." Die Stimme: „Sei ehrlich: Nur um vor den Menschen angesehen zu sein, hast du das getan, und um es von der Steuer abzusetzen. Das spricht gegen dich." (Der Zettel wird wieder in die linke Seite gelegt.)

(Zettel 3) Stimme: „Du hast nicht mit mir gerechnet, weil ich unsichtbar war. Du hast mich, deinen Gott, nicht ernst genommen." Antwort: „Aber ich war jahrelang in der Schola und bin Meßdiener gewesen; später im Kirchenchor. Ist das gar nichts?" Antwort der Stimme: „Aber *innerlich* bist du nie dabeigewesen. Du hast es mitgemacht, weil es dir Spaß machte und um von den anderen gesehen zu werden. Das spricht gegen dich."

(Zettel 4) Stimme: „Erinnerst du dich noch? Du hast 10 Mark weggenommen. Und du wußtest genau, der Verdacht fällt nicht auf dich, weil einer dabei war, der aus einem ärmlichen Haus mit viel Durcheinander kam und dem die anderen das eher zutrauten! – Wie oft hast du Falsches über andere gesagt, ihren guten Ruf bewußt gemordet! Das spricht gegen dich."

(Zettel 5:) „Wie oft hast du dich ans Steuer gesetzt, nachdem du Alkohol getrunken hattest – und hast so andere in Gefahr gebracht. Das spricht gegen dich."

(Zettel 6:) „Du warst in deinem ganzen Leben ein Egoist: Hast nur an dich selbst gedacht. Alle sollten nur für dich da sein: Damals das Mädchen, später deine Frau und auch deine

Kinder. Was hast du schon wirklich geteilt? Wo hast du mal wirklich etwas abgegeben? Das spricht gegen dich."

Ihr seht, wie die Schale sich neigt. Wie sieht es bei dir aus, wie sieht es bei mir aus? Bereitet euch vor auf diesen Tag!

Und jetzt das andere Beispiel. Da kommt einer, der glaubt, nichts getan zu haben, was in Gottes Augen bestehen kann; stumm steht er da, den Kopf gesenkt. Aber die Stimme sagt

(Zettel 1:) „Doch, du hast versucht, die Kinder, die von anderen verlacht und gehänselt wurden, zu verteidigen. Besonders den Dicken, der drei Häuser weg wohnte, den hast du mit fußballspielen lassen, obwohl du wußtest, wie steif der war und wie sehr dadurch deine Partei geschwächt war. Das rechne ich dir an!"

(Zettel 2:) „Weißt du noch, wie deine Arbeitskollegen dir zugeredet haben: Was, du willst noch ein drittes Kind, du bist verrückt!? – Und doch hast du es getan, obwohl ihr euch dadurch noch mehr einschränken mußtet. Das rechne ich dir an!"

(Zettel 3:) „Und dann wurde dir das dritte Kind genommen. Durch einen Autounfall. Es war tragisch. Du warst ganz verzweifelt. Aber du hast nicht gesagt: ,Wie kann das ein guter Gott zulassen; dich gibt es gar nicht!' Nein, du hast gesagt: ,Ich verstehe das alles nicht – aber dein Wille geschehe!' Das rechne ich dir an." (Der Prediger legt auch diesen Zettel in die rechte Schale.)

(Zettel 4:) „Erinnerst du dich noch? Neben dir wohnte ein Kind. Ein Junge, ohne Vater. Den ganzen Tag lag er auf der Straße. Du hast dein Kind damit spielen lassen, er durfte in deine Wohnung kommen; auch auf die Gefahr hin, daß deine Kinder Schlechtes lernten. Das rechne ich dir an."

(Zettel 5:) „Du hast versucht, mit mir, deinem Gott, zu sprechen. Auch sonntags hattest du eine Stunde Zeit für mich. Schon damals, als dreiviertel deiner Klasse im warmen Bett liegenblieb. Auch an deiner Arbeitsstelle hast du mich verteidigt, wenn es angebracht war. Auch, wenn dich manche belächelten. Das rechne ich dir an."

(Zettel 6:) „Du hast dir Mühe gegeben, die Not in der Welt zu sehen und nach Kräften zu helfen. Du hast dich damals mit einem Schwarzweißfernsehen begnügt, obwohl du auch gerne in Bunt gesehen hättest. Du hast das Geld für notleidende Kinder eingeschickt. Du hast Kranke besucht. Du hast wenigstens versucht, Verzweifelte zu trösten. Das rechne ich dir an."

(Die Waage ist nun ungefähr mit ihren beiden Schalen in der Mitte eingependelt.)

Ich muß euch zum Schluß aber noch etwas sehr Wichtiges sagen: Selbst wenn wir in unserem Leben genug Gutes getan haben – wenn Gott uns wirklich annimmt, dann haben wir uns das nicht verdient, sondern es ist ganz sein *Geschenk*.

(Um am Schluß diesen wichtigen theologischen Sachverhalt nicht untergehen zu lassen, kann man auch die Waage wegstellen und ein Kind in die Arme schließen.)

Evangelium: Mattäus 25 (Gerichtsszene verkürzen).

130. Gott ist gerecht

(verschieden große Gefäße, vom Fingerhut über Becher bis hin zur Vase, etwa 7 bis 10 Gegenstände, und eine Kanne mit Wasser)

Ihr seht vor mir Gefäße unterschiedlicher Größe. Da ist ein Fingerhut. Ich brauche nur ein paar Tropfen Wasser hineinzutun, dann ist er bis an den Rand gefüllt. In diese Vase aber muß ich mehr als einen Liter hineinschütten, damit sie ganz gefüllt ist.

So wird es auch einmal im Himmel sein. Wir alle sind dann ganz erfüllt von der Herrlichkeit, dem Glück Gottes. Das aber kann verschieden sein, je nachdem, wieviel einer für andere getan hat. Der eine hat nur wenig getan, er ist wie ein Fingerhut. Aber wenn Gott ihn zu sich nimmt, ihn mit seiner Liebe erfüllt, dann ist er ganz glücklich – nach seinem Maß und in seiner Weise. Ein anderer hat sich sein Leben lang aufgerieben für andere (eine Mutter, eine Krankenschwester . . .). Er ist wie ein großes Gefäß, das viel in sich aufnehmen kann, um gefüllt zu sein. Auch er ist glücklich, aber in einem reicheren Maß.

Können wir uns also den Himmel verdienen? Nein, immer bleibt, was Gott uns gibt, sein Geschenk. Er gibt mehr, als wir je verdienen. Ohne ihn blieben wir leere Gefäße.

(Vgl. J. Ratzinger, LThK V, 357: „Die Stufung der Seligkeit . . . ist so zu verstehen, daß jeder nach seinem Maß ganz erfüllt ist, daß aber die Maße der Einzelnen verschieden sind.")

Evangelium: Mattäus 20,1–15 (Arbeiter im Weinberg); 25,14–21 (Das Gleichnis vom anvertrauten Geld).

131. Die Vergebung Gottes

(eine kleine Tafel, Kreide, Schwamm)

Wenn einer im Straßenverkehr einen groben Fehler macht, dann zückt der Polizist sein Notizbuch. Ihr habt schon von der Verkehrssünderkartei in Flensburg gehört . . . Das ist nicht ohne weiteres auszulöschen. Manche haben sogar in ihrem Personalausweis den Stempel „vorbestraft". Und alles, was in den Papieren steht, vor allem das Schlechte, davon ist schlecht wegzukommen.

Bei Gott haben wir eine andere Möglichkeit: Wir nehmen sie nur oft nicht wahr. Bei den Menschen ist es sehr schwer, Unrecht, das du getan hast, wieder zu löschen. Bei Gott ist es einfach. (Der Prediger schreibt an die Tafel das Wort „Böses".) Du kannst dir jetzt irgend etwas darunter vorstellen, was du an Häßlichem getan hast. Bei Gott gibt es die Möglichkeit (und das ist eine gute Nachricht): Er wischt mit dem Schwamm seiner Liebe und Barmherzigkeit fort, was dir leid tut. (Es besteht natürlich noch die Pflicht der Wiedergutmachung.) Sobald dir etwas leid tut und du Gott um Vergebung deiner Schuld bittest, wird diese Schuld gelöscht. Vergessen. Vergessen ist noch viel mehr als Vergeben. (Der Prediger wischt das Wort „Böses" mit dem Schwamm wieder fort.)

Evangelium: Markus 2,1–12 (Die Heilung des Gelähmten); oder: Der barmherzige Vater (Gleichnis vom verlorenen Sohn); oder: Maria Magdalena erlangt Verzeihung, weil sie viel geliebt hat; oder die Predigt des Jona in Ninive (Gott schenkt Vergebung, weil die Stadt Reue zeigt).

132. Unsere Heimat ist nicht hier
(ein Paar alte durchgelaufene Schuhe)

(Zweimal findet sich diese Idee bei Longardt: in *Neue Kindergottesdienstformen,* S. 204 ff, und als Bildbetrachtung in *2 × 12 experimentelle Andachten,* S. 24 ff)
Der Prediger zeigt die alten Schuhe, weist auch darauf hin, daß sie durchgelaufen sind. Dann fragt er: Wenn diese Schuhe erzählen könnten, was hätten sie wohl zu sagen . . .?

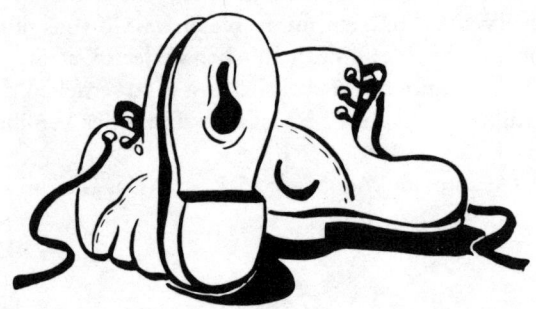

Wir haben Halt gegeben, Füße warmgehalten, viele schöne und schlechte Entdeckungen gemacht auf unseren Wanderungen . . . Wir sind gefährliche Wege gegangen . . . Glitschige Wege, auf denen wir beinahe ausgerutscht wären . . . Manchmal staken wir im Morast fest . . . Manchmal sind wir auch Wege umsonst gegangen . . . In mancher Sackgasse haben wir uns wiedergefunden . . . Manche Wege würden wir jetzt anders gehen . . . Manche Wege haben sich gelohnt . . . Manche haben wider Erwarten Freude gebracht . . .
Diese Schuhe sollen uns daran erinnern, daß wir im Leben auf der Wanderschaft sind. Daß wir uns nirgends so einrichten sollen, als wäre das schon unsere feste Heimat. Diese Schuhe weisen nach vorne: Geh weiter, laß dich durch nichts festhalten . . . Manche Leute machen schon mal eine Wallfahrt zu einem bestimmten heiligen Ort. Manche laufen dafür Hunderte von Kilometern. Haben sicher schon Schuhe dabei durchgelaufen. Diesen Leuten ist sicher ganz bewußt geworden, daß wir auf der Wanderschaft sind zu unserem ewigen Ziel, zu Jesus. Wie es im Lied heißt: „. . . wir wandern ohne Ruh, mit mancherlei Beschwerden der ew'gen Heimat zu . . .“ (GL 656)
Lesung: Psalm 23 in Auszügen (Gottes Hirtensorge); Psalm 25 in Auszügen (Not und Vertrauen); Psalm 139 in Auszügen (Wohin könnte ich gehen von dir fort . . .?).

Andere Ideen

1. *Thema:* Wir schmücken die Gräber. – Dieses selbstgebastelte Gebinde aus grünen Zweigen (= Hoffnung auf immerwährendes Leben), Blumen (= schenken wir denen, mit denen wir in Liebe verbunden sind) und eine Kerze (= Hinweis auf Osterkerze oder an dieser entzündet: Jesus hat den Tod besiegt) erinnert uns an die Wiederkunft Christi. (Ausführlicher: Lorenz u.a., *Von Gott will ich singen*, S. 141 ff und 148 f)

2. *Thema:* Der Schmetterling als Symbol der Auferstehung. – Ein übergroßer schön gezeichneter Schmetterling an der Kirchenwand. Werdegang erzählen: Raupe – Puppe – Schmetterling . . . (Eine witzige und anspruchsvolle Geschichte dazu in M. Kyber, *Ambrosius Dauerspeck und Mariechen Knusperkorn*, Hamburg 1973, S. 7 ff; ausführlicher: Lorenz u.a., *Von Gott will ich singen*, S. 145)

3. *Thema:* Wir denken an unsere Toten. – Auf schwarzumrandeten Plakaten mit schwarzen Kreuzen stehen Namen wie „Eltern", „Kinder", „Nachbarn", „An die keiner denkt" . . . Davor stellen sich nach einem Auferstehungsevangelium (Markus 16,1–8) Kinder mit ebenso vielen brennenden Kerzen als Zeichen der Auferstehung. (Siehe *Arbeitskreis Kindergottesdienste*, S. 20 f)

4. Siehe Zeichenpredigt 97 (Das *Zeugnis* am Ende des Lebens); Zeichenpredigt 106 (*Zelt:* Wir sind nur Gast auf Erden); Zeichenpredigt 62 (Bring gute *Früchte*); Zeichenpredigt 98 (*Pustefix:* Wo liegt der Sinn des Lebens?). Siehe Hoffsümmer, *Wir freuen uns*, S. 51 (Kastanienzweig mit Knospen) und S. 51 ff (die sechs Brillen).

Zeichenpredigt zum Christkönigsfest

133. Jesus will alle an sich ziehen
   (ein Magnet)

Zuerst den Gegenstand erraten lassen. Was kann ich mit diesem Magnet machen? . . . Er gibt einem wirren Haufen von Eisenspänen Ordnung, Richtung und Schönheit.
So ist das mit der Liebe. Sie zieht dich. Eine große Kraft packt dich.
So sollte eine Familie sein, in der alle zusammengehalten sind: Mann und Frau, Alt und Jung, Mädchen und Junge, Kluge und Unerfahrene. Hier wird Güte ausgeteilt und empfangen. Und wenn es manchmal wirr durcheinander geht, ist das schön, wenn Liebe da ist als eine große Kraft, die alles zusammenhält.
So sollte Kirche sein: So liebenswert, daß sie alles in ihren Bann zieht.
So ist Jesus. Er will alle an sich ziehen wie ein guter Herrscher, ein gütiger König. Und solange wir uns in diesem Kräftefeld der Liebe bewegen, sind wir geborgen. Jesus sagte und sagt es jetzt zu uns:
Evangelium: nach Mattäus 11,28.29
   Kommt doch her *zu mir*, die ihr müde sein, die ihr es schwer habt unter der Last eurer Schuld und eurer Aufgaben. Bei mir sollt ihr aufatmen und frei sein. In mir ist Gott euch nahe.
(Gekürzt nach einer Idee aus „Image")

Andere Ideen

1. *Thema:* Der König mit den beiden Kronen. – An dieser goldenen Krone (= Jesus war in besonderer Weise König: als bester Lehrer der Menschen; als Gründer des unsichtbaren Reiches, des Reiches Gottes; als König der Heiligen . . .) und der (aus Holz geschnitzten?) Dornenkrone (= Spottkrone . . .) müßt ihr die Entscheidung treffen: Welche paßte zu Jesus . . .? (Ausführlicher: Blasig, *Sonntag für Kinder* 3, S. 107 ff)

2. *Thema:* Jesus ist unser Mittelpunkt. – Eine Schachtel Spielkugeln wird auf den Boden geschüttet und rollt auseinander (= wochentags leben wir verstreut in den Häusern der Stadt), die Kinder bringen die verstreuten Kugeln wieder nach vorne (= sonntags kommen wir hier zusammen, weil Gott und Jesus uns wie ein Magnet anziehen). (Ausführlicher: Blasig, *Sonntag für Kinder* 3, S. 53 ff)

3. Siehe Zeichenpredigt 32: Der König der Juden (INRI)

Nachwort

Wenn auch eine gute Predigt schon ein wichtiger Schritt zu einem beeindruckenden Gottesdienst ist, so ist damit allein – auch wenn die Texte immer wieder die wesentlichen Aussagen der Predigt die ganze Messe hindurch beleuchten – noch nicht der nötige Schwung gebracht, der einen Gottesdienst so werden läßt, daß die Jungen und Mädchen und vielleicht sogar die Eltern (!) aus eigenem Antrieb zur Kirche kommen.

Es gibt noch eine ganze Reihe sonstiger äußerer Hilfsmittel, die eine Sonntagsmesse ansprechend machen: Sehr wichtig ist z.B. das Liedgut und die musikalische Gestaltung.

Ein wichtiger Gesichtspunkt ist auch: Möglichst viele sollen eine Aufgabe wahrnehmen. Warum soll nur *ein* Organist mit seiner Orgel das Singen einer Schola von 60, 80, ja 100 Kindern unmöglich machen, auch wenn diese nicht gleich rundfunkreif singen? Warum teilen sich nur Priester und Lektor die Texte? Es kann eine besondere Aufgabe vieler Jungen und Mädchen werden, die dann vor Aufregung u.U. die Nacht vorher kaum schlafen, aber „ihren" Beitrag bringen! – Oder warum bekommt eine Gruppe nicht die Gelegenheit, die Predigt vorzuspielen oder zu einem Thema Zeichnungen vorzulegen? Natürlich, wir sind alle Menschen, aber ist es wirklich so schlimm, wenn sich dabei das eine oder andere Kind auch etwas in den Vordergrund spielt? Ich frage mich manchmal, ob es nicht auch vorkommt, daß ein Erwachsener eine „Messe bestellt", nur um im Kanon seinen Namen erwähnt zu hören.

Und wieso wird schon mal von „Show" im Gottesdienst gesprochen, wenn viele zur Gestaltung beitragen, wo es doch im anderen Fall – wenn man schon dieses Wort gebrauchen will – zur „Ein-Mann-Show" des Priesters kommt?!

In meiner „Werkstatt" liegen noch viele interessante Gegenstände. Manchmal braucht es Minuten, manchmal auch Jahre, um eine Predigt herauszuspüren. Ich würde mich freuen, wenn die Phantasie des Lesers durch folgende Gegenstände angeregt würde: Stempel, Kollektenkörbchen, Sturzhelm eines Motorradfahrers, Stoppschild, Thermosflasche, Schlüsselbund, Pistole, Rucksack, Schallplatte, Geldbörse, Messer, Sack, Korkenzieher, Büchsenöffner. Ob Sie mir Ihre Idee sogar mitteilen können?

Literaturverzeichnis

Ingrid Adam (Hg.), Arbeitshilfe für den Kindergottesdienst, Gelnhausen 1970

Marianne Angulanza, Kinder in der Kirche, Graz 1974

Arbeitskreis Kindergottesdienste im Priesterseminar Köln, hg. vom Erzbischöflichen Seelsorgeamt, Köln

Winfried Blasig, Sonntag für Kinder, Heft 1, Einsiedeln 1973

Winfried Blasig, Sonntag für Kinder, Heft 2, Einsiedeln 1974

Winfried Blasig, Sonntag für Kinder, Heft 3, Einsiedeln 1974

Winfried Blasig, Sonntag für Kinder, Heft 4, Einsiedeln 1975

Winfried Blasig, Sonntag für Kinder, Heft 5, Einsiedeln 1976

Winfried Blasig, Sonntag für Kinder, Heft 6, Einsiedeln 1976

Blarr/Heuser/Seidel, Neue geistliche Lieder, Heft 1, Regensburg 1967

Blarr/Heuser/Seidel, Neue geistliche Lieder, Heft 2, Regensburg 1970

Dezernat für Pastorale Dienste, Gottesdienste für Kinder zur Weihnachtszeit, Bistum Essen

Dorothea Forstner, Die Welt der Symbole, München 1961

Helmut Heiserer, Gottesdienst-Modelle für Schule, Ferien, Lager . . ., München 1975

Willi Hoffsümmer, Wir freuen uns auf die Predigt, Mainz 1976

Heinz Janssen, Im Laufe eines Jahres, Kevelaer 1976

Keller/Wagener, Motivmessen für Kinder, Essen 1972

Knackstedt/Koitz/Lorentz, Meßfeiern mit Kindern, Hildesheim 1971

Klaus Konstroffer, Die Antwort leben, Düsseldorf 1976

Krenzer/Pokrandt/Rogge, Kurze Geschichten, München 1975

Georg Kugler, Familiengottesdienste, Gütersloh 1971

Kugler/Lindner, Neue Familiengottesdienste, Gütersloh 1973

Kugler/Lindner, Neue Familiengottesdienste, Teil 2, Gütersloh 1976

Wolfgang Longardt, Neue Kindergottesdienstformen, Gütersloh 1973

Wolfgang Longardt, 2 × 12 experimentelle Andachten, Gütersloh 1974

Lorenz/Müller/Opferkuch/Sageder/Wolf, Von Gott will ich singen, Stuttgart 1975

Wolfgang Nastainczyk, Zeichenpredigten für Kinder und andere, München 1969

Michel Quoist, Herr, da bin ich, Graz 1964 (36. Auflage)

Rost/Machalke, Gottesdienste mit Kindern, Limburg 1972

Ralph Sauer, Verkündigung an Kinder, Einsiedeln 1972

Heinz-Manfred Schulz, Katechese und Gottesdienst mit Kindern, Mainz 1973

Seidel/Zils, Werkbuch Kindergottesdienst, Wuppertal 1972

Stadelmann/Bolliger/Bernet, Spiel oder Gottesdienst, Luzern/München 1972

Wolfgang-Jürgen Stark, Kirche für Kinder, Gütersloh 1975

Dietrich Steinwede, Zu erzählen deine Herrlichkeit, Göttingen 1967 (2. Auflage)
Wilhelm Willms, Der geerdete Himmel, Kevelaer 1974
Wilhelm Willms, Aus der Luft gegriffen, Kevelaer 1976
Lothar Zenetti, Gottes frohe Kinderschar, München 1961 (2. Auflage)
Lothar Zenetti, Kinderwelt und Gotteswort, München 1962 (2. Auflage)

Zeichenregister

Schriftstellenregister